서울대학교 아시아법 연구 실무시리즈 2호

김·장 법률사무소, 서울대 아시아태평양법 연구소 발간

싱가포르법

김경연 · 김유라 · 김혜성 · 노현식 · 박혜민

신석훈 · 유현기 · 이동미 · 이영민

박영사

들어가는 말

"APAC 관문 싱가포르의 A to Z"

　본 책자는 김·장 법률사무소에서 2021년 말 서울대학교 아시아태평양법연구소와 공동으로 개최한 세미나를 기념하여 발간한 것으로, 성공적으로 세미나를 마치고 책자가 출판되어 더없이 기쁘게 생각합니다.

　세미나에서는 싱가포르와 한국의 해외직접투자, 공정거래법, ESG 및 국제분쟁해결절차 관련 법과 실례에 대한 비교법적인 연구 및 발표가 진행되었습니다. 본 책자에는 각 4가지 주제별로 세미나 진행 이후 지난 1년간의 경과를 추가로 반영하였습니다.

　지난 겨울 세미나 이후에도 싱가포르는 폭넓은 경제·금융 활동의 지역 허브로서 중요성이 지속적으로 증가하고 있습니다. 본 책자에 언급된 바와 같이, 이러한 번영의 비결은 싱가포르의 확립된 법치주의 및 이를 토대로 한 공공기관과 민간기관의 지속성이라 확신합니다. 싱가포르를 중심으로 비즈니스를 구축하기로 선택한 이들은 이러한 성공 과정에 참여함으로써 그 결정이 옳았다는 점에 자부심을 느낄 수가 있습니다.

　앞으로도 해결해야 할 과제는 계속해서 있을 것입니다. 돌이켜보면 코로나19가 한창인 시기에 싱가포르에 사무소를 개소하는 것이 어떠할지 아무도 예측할 수 없었습니다. 하지만 저는 싱가포르 사무소 개소를 준비하면서 싱가포르에는 어떤 회사나 국가와 국민이 성공할 수 있는 지속력, 적응력, 그리고 공유된 경험을 통해 지속적으로

소통할 의지 등과 같은 핵심적인 가치와 문화가 있다는 것을 느끼게
되었습니다.

마지막으로, 본 책자 출판에 참여할 수 있는 기회와 함께 우리의
미래를 공유하고 함께 만들어 나갈 수 있는 기회를 주신 서울대학교
와 도움 주신 여러분께 감사드립니다.

정경택

차례

FDI

싱가포르에서의 외국인투자에 대한 개관

FTL

싱가포르 경쟁법과 집행절차의 이해
-한국경쟁법과의 비교를 통한 접근

지속 가능성을 위한 자금조달을 위한 싱가포르의 진화하는 규제 환경

싱가포르의 국제분쟁해결절차

싱가포르에서의 외국인투자에 대한 개관

Kim & Chang

이영민 · 유현기

1. 개관

1.1 싱가포르 경제-주요 사항

1.1.1 전세계적으로 두 번째로 사업을 영위하기에 용이한 곳 (세계은행, 2020년)

1.1.2 전세계적으로 가장 경쟁력을 갖춘 경제(세계경제포럼, 2020년)

1.1.3 전세계적에서 4번째로 부패가 적은 국가(국제투명성기구의 부패인식지수, 2021년)

1.1.4 인구: 545만명, 거주자 398만명(349만명의 싱가포르인과 488,700명의 영주권자)

1.1.5 공식 언어: 영어, 중국어, 말레이어, 타밀어

1.2 싱가포르 법률 체계

싱가포르는 보통법 적용 국가로 그 근간은 영국 보통법 체계에 두고 있습니다. 싱가포르 법률의 근간은 다음과 같습니다.

1.2.1 제정법: 의회법(Acts of Parliament)과 정부가 제정한 하위 법령.

1.2.2 보통법: 「영국 법 적용에 관한 법률」(Application of English Law Act 1993)에 따르면, 영국 보통법은 1993.11.12. 이전 싱가포르 법률의 일부였던 이상 싱가포르 법률의 일부로 계속 존속한다고 명시적으로 규정되어 있긴 하지만, 싱가포르는 수년 동안 자체적으로 판례법의 상당 부분을 확립해 왔습니다. 현지 법원에서 적절한 경우 영국 판결을 인용하여 적용하지만 호주 및 캐나다 판결도 참고용으로 인용하고 있습니다.

1.3 외국인투자에 관한 법률

1.3.1 개요: 싱가포르는 개방형 투자제도로 특징되는 무역 의존도가 높은 경제를 유지하고 있으며, 특정 부문에서 외국인투자 제한이 존재합니다.[1] 싱가포르에는 외국인투자를 규제하는 일반적인 제도는 없지만 외국인투자는 (전부가 아닌 경우) 부문별로 규제됩니다. 싱가포르에서는 투자회수(repatriation of earnings and capital), 송금(remittance), 외환거래 및 자본 이동에 대한 중대한 제한이 없습니다. 외국인투자 정책 수립의 주무부처는 통상산업부이지만 다른 부처들도 외국인투자 해당 정책이 그 관할의 범위 내에 있는 경우 정책 수립에 같이 참여합니다.

1.3.2 특정 부문에 대한 외국인투자 제한:

(i) **금융산업**: 「1970년 은행법」에 따르면, 외국은행은 "종합은행(Full Bank)"의 자격을 갖추더라도 운영할 수 있는 지점과 현금자동입출금기(ATM)의 숫자에 있어 제약이 있습니다. 싱가포르 내 지점/ATM을 확대하기 위해서는 싱가포르 통화청(Monetary Authority of Singapore, "통화청")이 정한 추가 요건을 충족함으로서 "적격 종합은행(Qualifying Full Bank)"의 자격을 갖출 필요가 있습니다.

(ii) **미디어 산업**: 방송사에 대한 외국인투자 제한을 규정하는 주요 법률은 「싱가포르의 1994년 방송법(Broadcasting Act 1994 of Singapore)」이며, 해당 제한사항을 관

---

1) 미국 국무부, "Investment Climate Statements: Singapore." (2021).

장하는 주무당국은 싱가포르 정보통신미디어 개발청(Info-communications Media Development Authority of Singapore, "정보통신미디어 개발청")입니다.

(a) **방송사**: 방송사는 정보통신부장관(Minister of Communications and Information)이 다음 각 호에 대해 충족되었음을 승인하지 않는 한 허가2)를 받거나 보유할 수 없습니다.

　(1) 해외 실체(foreign source)3)가 단독으로 또는 다른 해외 실체와 합하여 회사 또는 그 지주회사의 지분 49% 이상을 소유하거나 회사 또는 그 지주회사의 의결권 49% 이상을 지배하는 지위에 있는 경우

---

2) (a) 공중에 대한 무상 방송 허가(free-to-air license) 또는 (b) 구독방송서비스를 제공할 수 있는 방송 허가((a) 및 (b)에 언급된 허가의 경우, 5만 세대 이상의 주택에서 수신할 수 있는 방송이 허용되나 집단허가(class license)는 포함되지 않음) 또는 (c) 공익상, 공공의 안녕질서 또는 국방상 목적을 위하여 정보통신부 장관이 특정하는 기타 방송 허가로서 정의됨.

3) (a) 싱가포르 등에 거주하는지의 여부를 불문하고 싱가포르 이외 국가의 정부 또는 그 대리인, (b) 싱가포르에 지점이나 사업장을 두고 있는지의 여부를 불문하고 싱가포르 이외의 유효한 법률에 의거하여 설립 또는 구성된 회사, 단체 또는 조직, (c) 싱가포르에 거주하는지의 여부를 불문하고 싱가포르 국민이 아닌 자, (d) (i) 싱가포르에서 설립되거나 구성된 법인으로 그 사원이나 이사들 중 1인 이상이 싱가포르 국민이 아니거나, 사원이 법인인 경우에는 그 법인의 사원이나 이사들 중 1인 이상이 싱가포르 국민이 아닌 경우 또는 (ii) 싱가포르의 유효한 법률에 의거하여 설립된 법인격 없는 단체 또는 기구로서 그 사원이나 이사들 중 1인 이상이 싱가포르 국민이 아닌 경우, 또는 그 사원이 법인인 경우에는 그 법인의 사원이나 이사들 중 1인 이상이 싱가포르 국민이 아닌 경우로서 (i)항 및 제 (ii)항에서 언급된 법인, 법인격이 없는 단체나 기구와 관련하여 정보통신부장관이 해외 실체로 선언할 수 있는 경우 또는 (e) 기타 실체 중 정보통신부장관이 해외 실체로 선언하는 싱가포르 외의 기타 실체 등으로 정의됨.

(II) 회사 또는 그 지주회사를 지시, 지배 또는 경영할 수 있는 자의 전부 또는 과반수가 해외 실체에 의해 임명되거나 해외 실체의 지시에 따라 행위하고 있거나 해외 실체의 지시에 따라 행위할 의무가 있는 경우.

어떠한 자도 정보통신미디어 개발청의 사전 승인 없이 방송사가 소유 또는 운영하는 방송서비스에 대하여 전부 또는 일부 혹은 직·간접적으로 해외 실체로부터 자금조달을 위하여 자금을 제공받을 수 없습니다. 정보통신미디어 개발청은 제공이 요구되는 정보에 대하여 해당 자금이 선의의 상업적 목적을 위한 것임이 충족된 경우 승인할 수 있습니다.

(b) **신문사**: 신문의 인쇄 또는 발행에 관한 허가를 갱신한 날 또는 이후에는 정보통신부장관의 사전 승인 없이 신문을 대신하여 또는 신문을 위하여 해외 실체로부터 자금을 제공받을 수 없습니다. 정보통신부장관은 제공이 요구되는 정보에 대하여 해당 자금이 선의의 상업적 목적을 위한 것임이 충족된 경우 승인할 수 있습니다.

1.4 투자 인센티브

1.4.1 개요: 싱가포르에서 제공되는 조세 인센티브 제도는 특정 산업이나 활동을 대상으로 하는 경향이 있으며, 싱가포르 해양항만청(Marine and Port Authority of Singapore), 엔터프라

이즈 싱가포르(Enterprise Singapore), 싱가포르 경제개발청
(Singapore Economic Development Board, "경제개발청"), 통화국
및 싱가포르 국세청(Inland Revenue Authority of Singapore, "국
세청") 등 싱가포르의 여러 정부기관에 의해 관장됩니다.
일반적으로, 인센티브 부여기관의 재량에 따라 인센티브
가 부여되고 통상 부여기간 동안 해당 기관의 지속적인
심사를 받아야 한다는 점을 참고해야 합니다. 싱가포르에
서 제공받을 수 있는 조세 인센티브 제도의 일부 예시는
다음에서 보는 바와 같습니다.

1.4.2 **선도기업 인센티브 제도(Pioneer Incentive Scheme)**: 본 인
센티브는 일반적으로 기업들이 싱가포르에서 역량을 강
화하고 신규 또는 확장된 활동을 수행하도록 장려하는데
그 목적이 있습니다. 선도 산업 및 선도 서비스(Pioneer
Industries and Pioneer Service Companies)(「1967년 경제확장인센티
브법(법인세 면제)("경제확장인센티브법")(Economic Expansion
Incentives (Relief from Income Tax) Act 1967)」에 정의됨)를 포함
하는 선도기업 인센티브 제도는 최대 15년간 승인된 기업
의 대상이익에 대한 법인세 전액 면제를 제공하고 경제확
장인센티법에 따라 경제개발청이 관장합니다. 기업들은
경제적 기여 또는 글로벌 선도산업에 대한 역량을 고양함
에 있어 상당한 투자를 하도록 준비해야 하고 싱가포르
평균치보다 상당 수준으로 보다 발전된 산업의 기술, 능
력 또는 노하우를 도입해야 합니다. 또한, 경제적 기여를
함에 있어 실질적인 규모로 신규 개척활동을 수행해야 합
니다. 더 나아가, 본 인센티브는 고용 창출, 총 사업 투자
및 싱가포르 내 사업 확장에 대한 확약과 관련된 조건을

전제로 합니다. 일반적으로, 본 제도는 지식재산소득(경제확장인센티브법에 정의됨)에는 적용되지 않습니다.

1.4.3 개발확장 인센티브(Development & Expansion Incentive):

본 인센티브에 따르면, 적격 기업은 일정 대상활동(qualifying activities)으로부터 발생하는 "확장 소득(expansion income)"에 대하여 5% 또는 10%의 감액 세율로 과세받을 수 있습니다. 일반적으로, 본 인센티브의 최초 세금감면기간은 최대 10년이며, 한 번에 최대 5년, 최대 총 20년까지 연장될 수 있습니다. 본 인센티브 제도는 경제에 기여하거나 글로벌 선도산업에 대한 역량을 강화하기 위해 상당한 투자를 할 준비 중인 기업의 개발 및 확대를 장려하기 위한 제도입니다. 본 인센티브는 경제확장인센티브법에 따라 경제개발청이 관장합니다. 일반적으로, 본 인센티브는 지식재산소득(경제확장인센티법에 정의됨)에는 적용되지 않습니다.

1.4.4 금융재무센터 인센티브(Finance& Treasury Centre Incentive):

본 인센티브는 기업들이 재무관리역량을 강화하고 싱가포르를 지역 재무관리활동의 거점으로 삼도록 장려하는데 그 목적이 있습니다. 승인된 금융 및 재무 센터("FTC") 기업은 승인된 네트워크 회사("ANC")에 대한 적격 FTC 서비스 및 적격 출처로부터 조달한 자금을 통하여 자신의 계산으로 수행되는 FTC 활동으로부터 발생하는 소득에 대하여 8%의 양허세율(concessionary tax rate)을 적용받을 수 있습니다. 또한, 승인된 FTC 기업은 승인된 적격 활동이나 서비스에 자금이 사용되는 경우, 싱가포르 이외의 은행, 비은행 금융기관 및 ANC로부터 제공받은 대출

이자 등 이자 지급금에 대하여 원천세를 면제받을 수 있습니다. 인센티브 기간은 5년으로 제한됩니다. 인센티브의 연장은 FTC 기업의 FTC 활동/서비스에 대한 추가 확장 계획 이행에 대한 확약에 따라 고려될 수 있습니다. 기업들은 FTC 인센티브를 받기 위해서 싱가포르에서 실질적인 활동을 수립하고 전략적 기능을 수행해야 합니다. FTC 인센티브 승인 및 수여는 기업이 싱가포르에서 FTC 사업을 성장 및 지속하기 위한 계획을 이행하는 것을 조건으로 합니다.

1.4.5 **금융부문 인센티브(Financial Sector Incentive. "FSI"):** 본 제도는 싱가포르에서 설립되고 인가받은 금융기관에 대한 조세 인센티브입니다. 본 인센티브는 대형 유니버설 은행(universal bank), 펀드매니저를 비롯한 자본시장 참여자를 망라한 인가받은 금융기관에 적용됩니다. 적격 소득에 대한 납부세율은 5~13.5%이며, FSI 기업의 승인된 유형에 따라 달라집니다. 기업은 통화청의 인가 또는 승인을 받아야 하며, 어떠한 법률에 의해서도 그러한 인가 또는 승인이 면제되지 않아야 합니다.

2. 사업 개시: 설립 및 법인 형태

2.1 개요: 싱가포르에서 사업 진출을 하기 위해서는 여러 법인이 활용될 수 있습니다. 어떠한 법인을 사업에 활용해야 하는지의 여부는 주로 예정된 사업 활동의 성격과 설립될 법인의 필요에 따라 정해집니다. 책임 소재의 문제, 자본 요건, 규제 요건 및 현지

에서의 정체성(local identity) 등을 고려해야 합니다.

2.2 회사

2.2.1 유한책임(Limited Liability): 회사는 사원과 구분되는 별개의 법인으로 이러한 점은 주요 장점 중의 하나입니다. 이러한 독립된 법인격으로 인하여 회사의 사원들은 회사가 발생시키는 부채와 채무에 대하여 채권자에 대해 직접적으로 책임을 지지 않고 회사가 회사의 부채와 채무에 대한 책임을 집니다. 회사의 청산 시 사원들의 재산출자 책임은 제한되거나 제한이 없을 수 있고 이에 따라 유한회사와 무한회사가 구분됩니다. 유한회사는 주식이나 보증으로 제한될 수 있고 주식으로 제한되는 형태가 싱가포르에서 가장 보편적인 형태입니다. 주주의 책임은 주주의 주식에 대하여 미지급된 잔존 금액으로 제한됩니다. 주주는 회사의 청산 시를 비롯하여 회사의 존속기간 중 언제라도 위 금액을 지급하도록 요구받을 수 있습니다.

2.2.2 설립 요건: 주식으로 제한되는 회사는 공개회사(public) 또는 비공개회사(private)가 될 수 있으며, 주요 차이로는 공개회사는 50인을 넘는 주주를 둘 수 있고 비공개회사에 비해 보다 많은 규제를 받는다는 점에 있습니다. 싱가포르에서 설립된 모든 회사는 통상적으로 싱가포르에 거주하는 1인 이상의 이사와 싱가포르에 본점 또는 유일 거주지를 둔 1인 이상의 회사 비서역을 두어야 합니다. 또한, 회사는 설립일로부터 등록사무소를 두고 설립일로부터 3개월 이내에 감사인을 선임하여야 합니다. 일정한 예외적

인 경우가 아닌 이상 회사의 회계에 대해 연 1회 감사를 받아야 합니다.

2.3 외국 법인 지점

2.3.1 법인의 성격: 이러한 형태의 사업 조직은 싱가포르에서 사업체를 설립하고자 희망하는 외국 법인만 활용할 수 있습니다. 회사에 비해 관리가 용이하고 지점 폐쇄는 회사의 해산에 비해 절차가 간소합니다. 다만, 지점은 별도의 법인격이 없으므로 지점의 채무는 모회사의 채무에 해당하게 됩니다.

2.3.2 등록 요건: 싱가포르에 영업장을 두거나 사업을 영위하는 모든 외국 법인에 대해 등록 의무가 부과됩니다. 외국 법인의 등록 지점은 전부 싱가포르에 거주하는 1인 이상의 자연인으로 지점을 대리하여 업무를 승낙할 권한을 가진 자연인을 임명해야 합니다. 또한, 각 지점은 싱가포르에 등록사무소를 두어야 하는데, 이는 외국 모회사가 싱가포르에서 법적 절차를 송달받을 수 있다는 것을 의미합니다.

2.4 대표사무소

2.4.1 제한적 활동: 외국 법인이 싱가포르에서 사업에 진출할 수 있는 또 다른 방법은 대표사무소를 설립하는 것입니다. 다만, 대표사무소가 영위할 수 있는 활동은 시장조사 및 타당성 조사로 한정되어야 합니다. 대표사무소와 관련하여 허용되는 활동과 허용되지 않는 활동의 내역은 엔터프

라이즈 싱가포르 웹사이트(https://roms.enterprisesg.gov.sg/)를 참고하시기 바랍니다. 대표사무소는 관리 주체에 불과한 것으로 법적 지위가 없습니다.

2.4.2 갱신 요건: 외국 법인의 대표사무소는 개시일로부터 최대 3년간 싱가포르에서 운영될 수 있습니다. 다만, 3년간 대표사무소로서의 지위를 평가한 후 갱신합니다. 이후 싱가포르에서 계속 존속하기로 결정한 대표사무소는 회계 및 기업규제기관(Accounting and Corporate Regulatory Authority)에 사업 등록을 해야 합니다.

2.5 개인사업체 및 조합(Partnership)

2.5.1 법적 지위: "개인사업체"는 타인과 관련 없이 독자적으로 사업을 영위하는 자를 기술하기 위해 사용됩니다. 반면, "조합"은 영리를 공동 목적으로 사업을 영위하는 2인 이상의 자로 구성됩니다. 개인사업자와 조합 모두 별도의 법적 실체가 없습니다. 개인사업체의 소유자는 사업 명의로 발생한 일체의 부채와 채무에 대하여 개인사업체의 채권자에 대하여 개인적으로 책임을 지며, 이는 제한이 없습니다. 마찬가지로, 조합의 각 조합원은 다른 조합원과 공동으로 조합에 참여하는 동안 발생하는 일체의 부채와 채무에 대하여 책임을 집니다. 또한, 각 조합원은 조합의 권한 내에서 또는 조합의 통상적인 사업 과정에서 발생한 동료 조합원의 부당행위에 대하여 책임을 질 수 있습니다.

2.5.2 조합의 장점: 긍정적인 측면에서 각 조합원은 조합의 사업을 운영할 수 있는 동등한 권리와 권한을 보유합니다. 조

합의 다른 장점으로는 낮은 설립 비용, 최소한의 규제 요건, 관리 유지의 용이성(easy administrative maintenance), 해산의 간소성, 사업에 대한 정보가 대중에게 거의 공개되지 않는다는 점 등이 있습니다.

2.6 유한 파트너쉽(Limited Partnership, "LP")

2.6.1 법적 지위: LP는 법인이 아니므로 별도의 법인격이 없습니다. 따라서, LP는 본인의 명의로 재산을 소유할 수도 없고 본인의 명의로 소송을 제기하거나 소송을 제기당할 수도 없습니다. 조합과 마찬가지로 LP는 영리를 공동 목적으로 사업을 영위하는 자들 사이에 존재하는 관계입니다. LP는 1인 이상의 유한책임사원과 1인 이상의 업무집행사원으로 구성되어야 합니다. 유한책임사원과 업무집행사원은 개인 또는 법인(싱가포르에서 설립될 필요는 없음)이 될 수 있습니다.

2.6.2 책임: 업무집행사원은 LP의 업무집행사원으로 LP의 일체의 발생 부채와 의무를 부담합니다. 반면, 유한책임사원은 특정 예외적인 경우가 아닌 이상 본인의 출자약정금액을 초과한 LP의 부채와 의무에 대하여 책임을 지지 않습니다. 무엇보다도, 유한책임사원은 유한책임을 향유하기 위하여 LP의 경영에 참여할 수 없습니다. 유한책임사원은 LP를 구속할 권한이 없습니다. LP는 1인 이상의 사원이 유한책임사원으로 등록되지 않는 한 조합으로 간주됩니다. 조합으로 간주되는 경우 유한책임사원은 유한책임을 상실하게 됩니다.

2.7 유한책임조합(Limited Liability Partnership)

2.7.1 법적 지위: 유한책임조합("LLP")은 영리를 목적으로 적법한 사업을 영위하기 위하여 2인 이상의 자에 의하여 활용될 수 있습니다. LLP는 본질적으로 유한책임을 지는 조합입니다. 다만, 조합과 달리, LLP는 그 사원의 법인격과 별개의 법인격을 가진 법인입니다. LLP의 의무는 LLP의 의무일 뿐입니다. LLP의 사원은 LLP의 다른 사원의 위법한 작위·부작위에 대하여 개인적으로 책임을 지지 아니하고 본인의 위법한 작위·부작위에 대하여 불법행위 상의 책임을 개인적으로 부담합니다. LLP 사원이 LLP의 사업 수행과정이나 LLP 권한의 범위에서 행한 본인의 위법한 작위·부작위로 인하여 어떠한 자에 대하여 책임이 있는 경우, LLP는 사원과 동일한 범위에서 책임을 집니다.

2.7.2 설립 요건: LLP는 2인 이상의 사원으로 구성되고, 18세 이상의 자연인이며 완전한 법적 능력을 갖추고 통상 싱가포르에 거주하는 1인 이상의 매니저(manager)를 두어야 하며, 모든 의사표시 및 통지가 수신될 수 있는 싱가포르 내 등록사무소를 두어야 합니다.

2.8 사업신탁(Business Trust)

2.8.1 신탁 구조: 사업신탁(Business Trust, "BT")은 신탁 구조로 설립된 사업체입니다. BT는 법인이 아니므로 회사와 다릅니다. BT는 신탁계약에 의해 설정되고 이에 따라 수탁자-매니저(Trustee-Manager)로 지정된 법인이 사업체의 재산에

대한 법적 소유권을 보유하고 신탁 수익자의 이익을 위하여 사업을 운영합니다. BT의 신탁계약에 따라, 수탁자-매니저는 업무를 이행하고 수행할 대리인을 선임할 수 있습니다. BT는 다른 신탁과 마찬가지로 신탁계약을 체결함으로써 설정되지만, 적극적으로 사업을 수행하므로 일반적인 신탁과는 차이가 있습니다. BT 투자자들은 BT의 지분을 매입함으로써 주요 사업에 대한 지분을 취득합니다. 신탁의 수익자(beneficiaries)인 BT의 수익자(unitholders)는 BT 재산에 대한 수익권을 보유합니다.

2.8.2 등록 효과: 「2004년 사업신탁법(Business Trusts Act 2004)」에 따른 등록이 모든 BT에 대해 의무적인 것은 아닙니다. 다만, 통화국이 인정하는 등록된 BT 또는 외국 BT의 출자좌(units)는 청약 또는 매입을 위해 공모될 수 있습니다. 등록된 BT의 수익자(unitholders)는 등록된 BT에 출자하거나 수탁자-매니저의 자격으로 수탁자-매니저가 부담하는 부채, 채무 또는 의무를 부담하지 않습니다. 또한, 등록된 BT의 수익자의 책임은 등록된 BT에 출자하기로 명시적으로 약정한 금액으로 제한됩니다. 단점으로는 수익자는 회사에 대한 주주의 지배력에 비해 BT에 대한 지배권이 낮습니다.

2.9 변동자본회사(Variable Capital Company)

2.9.1 법적 지위 및 설립 요건: 변동자본회사("VCC")는 주주들과 별개의 법인격을 보유하므로 자신의 명의로 재산을 보유하고, 자신의 명의로 소송을 제기하거나 제기당할 수 있

습니다. VCC의 권리와 의무는 주주 및 이사의 권리와 의무와는 별개입니다. VCC는 각각 분리된 자산과 부채로 이루어진 일부 하위펀드를 둘 수 있습니다("엠프렐라 VCC"). 엠브렐라 VCC 아래 하위펀드는 별도의 법인이 아니지만 엠브렐라 VCC는 각 하위펀드가 마치 별도의 법인인 것처럼 하위펀드에 대해 소송을 제기하거나 소송을 제기당할 수 있습니다. 또한, 하위펀드의 자산도 마치 하위펀드가 별도의 법인인 것처럼 취급됩니다.

VCC는 이사회에서 경영합니다. VCC는 싱가포르에 통상 거주하는 1인 이상의 이사와 VCC 운용사(VCC manager)의 이사 또는 적격 대표인 1인 이상의 이사(VCC의 거주 이사가 될 수도 있음)를 두어야 합니다. VCC의 이사는 완전한 법적 능력을 갖춘 자연인이어야 합니다. VCC가 1개 이상의 승인된 기구(즉, 통화청이 승인한 기구로 해당 기구의 출자좌는 공모될 수 있음)를 구성하는 경우, VCC는 사외이사(independent director) 1인을 포함하여 3인 이상의 이사를 두어야 합니다.

3. 부동산

3.1 개요: 싱가포르의 부동산은 크게 영구소유 부동산(freehold land)(즉, 무조건세습상속 부동산(estate in fee simple), 일정기간 인정되는 소유권을 가진 부동산(leasehold land) 및 「1920년 국유지법(State Lands Act 1920)」에 따라 부여되는 부동산(일명 부동산에 대한 영구 소유 지분(Statutory Land Grants for an estate in perpetuity)이라 함)으로 분류됩

니다. 싱가포르 부동산 관련 주요 법률로는「1993년 토지소유권법(Land Titles Act 1993)」,「1967년 토지소유법(집합건물)(Land Titles (Strata) Act 1967)」및「1976년 주거용 부동산법(Residential Property Act 1976」, "**주거용 부동산법**") 등이 있습니다. 싱가포르의 토지 소유권 등기를 관장하는 주무부처는 싱가포르 토지국("**토지국**")입니다.

3.2 외국인 소유권 제한

3.2.1 비주거용 부동산: 외국인은 다음과 같은 비주거용 부동산을 자유롭게 취득, 보유 및 처분할 수 있습니다.

(i) 오피스 및 소매점 등 상업용 부동산

(ii)「1954년 호텔법(Hotels Act 1954)」에 따라 등록된 호텔

(iii) 공업용 부동산

3.2.2 주거용 부동산: 주거용 부동산법에는 외국인이나 주거용 부동산법에 정의된 싱가포르 기업(주거용 부동산법에서 싱가포르 법인은 모든 주주와 이사가 싱가포르 국민인 회사를 의미함)이 아닌 외국인이나 외국 법인에 대한 제한대상 "주거용 부동산"(주거용 부동산법에 정의됨)의 매각이나 양도에 대한 제한사항이 있습니다. 주거용 부동산법에 따르면, 제한대상 "주거용 부동산"의 매각 및 양도는 싱가포르 국민과 "승인된 매수인"(주거용 부동산법에 정의됨)으로 제한됩니다. 싱가포르 기업이 아닌 주택개발사업자는 재개발을 위한 제한대상 "주거용 부동산"을 매입하기 전에 주거용 부동산법(공사 준공, 개발된 호실 분양 일정 및 은행보증 제공 등의 조건을 규정하고 있음)에 따른 자격증서(qualifying certificate)를 신청해야 합니다. 주거용 부동산법에 반하는 거래는 무효가 될 것으로 사료됩니다. 단, 다음의 경우는 예외로 합니다.

(ⅰ) 외국인은 아파트 등 제한이 없는 "주거용 부동산"(콘도(condominium) 개발인지의 여부를 불문함) 매입할 수 있습니다. 다만, 외국인은 승인 없이 개발되는 호실 전부를 매입할 수 없습니다.

(ⅱ) 7년 이하의 기간(갱신권 포함) 동안 외국인에게 "주거용 부동산"을 임대하는 경우 주거용 부동산법 상의 제한은 적용되지 않습니다.

(ⅲ) 2020. 2. 6. 법무부 및 토지국은 싱가포르와 상당한 관련성이 있는 공공주택개발업자(publicly listed housing developers)는 주거용 부동산법에 정의된 싱가포르 기업으로 간주되는 바 자격증서면제를 신청할 수 있다고 발표했습니다. (a) 싱가포르 내에서 설립되었는지의 여부 (b) SGX-ST에 1차 상장을 했고 주된 사업장을 싱가포르에 두고 있는지 여부 (c) 의장과 회사의 이사회의 대부분이 싱가포르 국민인지 여부, (d) 회사 지분 상당 부분이 싱가포르의 실질적 지분인지 여부 및 (e) 싱가포르에서의 실적을 고려하여 해당 면제 신청을 평가합니다.

4. 지식재산권

4.1. 개요: 싱가포르에는 다양한 종류의 지식재산을 보호하는 여러

제도가 존재하며, 가장 일반적인 제도는 다음과 같습니다.

4.2 특허: 「1994 특허법(Patents Act 1994)」에 따라 발명이 특허로 보호 받기 위해서는 신규성, 진보성을 갖고 산업상 이용할 수 있는 발명이어야 합니다. 특허가 부여되면, 특허등록관(Registrar of Patents) 은 소정의 양식으로 증서를 발급하고 특허학회지(Patents Journal) 에 공개합니다. 이러한 학회지는 공개된 특허 출원과 부여된 특허에 대한 세부사항을 담고 있습니다. 부여된 특허는 부여증서 발급일로부터 효력이 발생하며 특허 출원일로부터 20년(매년 갱신수수료를 납부해야 함) 또는 다른 소정의 날까지 유효합니다.

싱가포르는 특허협력조약(Patent Cooperation Treaty)의 가입국입니다. 이는 국제조약으로 다른 회원국에서도 동시에 발명에 대한 특허 보호를 받을 수 있도록 해 줍니다. 성공하는 경우, 각 지정 국은 국제출원에 기재된 신청된 발명에 대한 특허를 부여합니다. 또한, 싱가포르는 공업소유권의 보호를 위한 파리협약(Paris Convention for the Protection of Industrial Property)의 회원국으로, 싱가포르의 신청인은 본 협약의 다른 회원국에서 신청된 선출원의 우선일을 주장할 수 있는 주요 이점을 갖게 됩니다.

싱가포르는 9곳의 아세안 회원국(브루나이, 캄보디아, 인도네시아, 라오스, 말레이시아, 필리핀, 싱가포르, 태국 및 베트남)의 지식재산권 사무소 간 특허 협력 프로그램인 아세안 특허심사협력(ASEAN Patent Examination Cooperation, ("ASPEC"))의 회원국이기도 합니다. 이 프로그램은 참여 사무소들이 검색 및 심사 결과를 상호 공유함으로써 참여국 신청자가 해당 특허를 보다 신속하고 효율적으로 획득할 수 있도록 합니다. 싱가포르의 특허 출원인이 다른 ASPEC 회원국에서 특허보호를 받고자 하는 경우, ASPEC 프로그램을 이용하여 해당 ASPEC 회원국에서 보다 신속하게 해당 특허를 받을 수 있습니다.

4.3 상표: 일부 유형의 표지는 「1998년 상표법(Trade Marks Act 1998)」에 따라 등록상표로서 보호됩니다. 싱가포르에서 주지·저명하다고 인정되는 상표는 싱가포르에서 상표로 등록되었는지 여부에 관계없이 1998년 상표법에 따라 보호됩니다. 상표란 시각적으로 표현할 수 있는 표시로서, 어떠한 자가 거래과정에서 취급하거나 제공하는 상품이나 서비스와 다른 자가 취급하거나 제공하는 상품이나 서비스를 구별할 수 있도록 해 줍니다. 등록상표권자는 상표가 등록된 재화나 용역과 관련하여 해당 상표를 사용하고 타인에게 그러한 상표를 사용하도록 승인할 독점적 권리를 가집니다. 등록상표의 유효기간은 등록일로부터 10년이며, 매 갱신마다 추가 10년씩 갱신될 수 있습니다(단, 갱신수수료를 납부해야 함). 싱가포르에서 상표 등록은 필수적이진 않지만 앞서 본 바와 같이, 상표를 등록하면 상표권자는 1998년 상표법에 따른 권리를 부여받게 되어 동법 상의 구제수단을 구할 수 있습니다, 미등록 상표권자는 먼저 주지·저명 상표의 요건을 충족하여야만 1998년 상표법에 따른 주지·저명 상표권자에게 부여되는 구제수단에 의존할 수 있습니다.

미등록 표지의 소유자 또는 등록상표의 상표권자는 상품 및 서비스의 출처나 원산지를 허위로 표시하는 사용으로부터 사업 상의 영업권을 보호하기 위하여 보통법 상의 불법행위(사칭통용)에 의존할 수 있습니다. 다만. 미등록 표지의 소유자 또는 등록상표의 상표권자는 허위표시로 인하여 혼동이 초래되고 그러한 혼동으로 인하여 사업상의 영업권에 손해가 발생하였음을 법원에 납

득시켜야 합니다.

4.4 저작권: 「2021년 저작권법(Copyright Act 2021)」은 원작 문학, 연극,
음악 및 예술작품을 비롯한 음반, 영화, 방송, 케이블 프로그램
및 실연(performances)을 포함하는 다수의 저작물을 보호합니다. 보
호의 성격은 저작물의 종류에 따라 다르지만, 일반적으로 저작물
의 저작권에는 저작물을 물리적 형태로 복제하여 발행하고 대중
에게 전달할 수 있는 독점적인 권리가 포함될 것으로 보입니다.
싱가포르에서 저작권 보호를 받기 위한 등록 절차는 없습니다.
필수적인 창작성과 싱가포르와 연관성을 지닌 저작물이 생성되
는 경우 자동적으로 저작권이 발생하기 때문입니다. 또한, 2021
년 저작권법에 따라 부여되는 저작권 보호는 특정 지역의 경우
해외에서 생성된 저작물로 확대되도록 「2021년 저작권 규제법
(Copyright Regulations 2021)」이 적용됩니다.

2021년 저작권법에 따르면, 저작권 보호기간은 다음과 같습니다.

4.4.1 원작 문학, 연극, 음악, 예술작품-"저작자" 사후 70년. 저작
자의 사망 이후 발행된 저작물의 경우에는 최초 발행일부
터 70년

4.4.2 음반 및 영화-최초 발행으로부터 70년

4.4.3 실연-실연일로부터 70년

4.4.4 방송 및 케이블 프로그램-공표로부터 50년

4.4.5 저작물 간행물-최초 발행으로부터 25년

4.5 등록 디자인: 「2000년 등록디자인법(Registered Designs Act 2000)」은
새로운 디자인(즉, 상품이나 비물리적 제품에 적용되는 것으로 그 외관
을 부여하는 형상, 구성, 색상, 패턴 또는 장식물의 특징)을 보호합니다.

다만, 공서양속에 반하는 디자인은 등록될 수 없습니다.

저작권이 존재하는 미술저작물의 경우 이전의 사용에 대하여 판매 또는 대여 혹은 판매 또는 대여를 위해 상업적으로 상품에 디자인을 적용한 것이 아닌 한 이전에 디자인이 사용되었다는 이유만으로 새로운 디자인이 아닌 것으로 간주되지 않습니다. 다만, 미술저작물에 대하여 저작권이 존재하고 판매, 대여 또는 판매나 대여를 위한 제공 목적으로 디자인을 미술저작물에 적용하는 경우 디자인에 대하여 행위를 하는 것(달리 디자인에 대한 독점적 권리에 속하게 될 것으로 보임)은 저작권의 침해에 해당하지 않을 것으로 보입니다.

4.6 지리적 표시: 지리적 표시란 거래상 특정 장소나 지역을 원산지로 하는 상품임을 식별하도록 거래 상 사용되는 표장으로서 상품의 고유한 품질이나 평판을 나타냅니다.

「2014년 지리적 표시법(Geographical Indications Act 2014)」에 따라, 지리적 표시로 식별되는 상품의 생산자나 거래자 또는 생산자나 거래자단체는 지리적 표시에 의하여 표시된 장소가 원산지가 아닌 상품과 관련하여 지리적 표시를 사용하는 자를 상대로 상품의 지리적 원산지에 대해 대중을 오도한다는 근거로 소를 제기할 수 있습니다.

2014년 지리적 표시법에 따라 지리적 표시 등록을 할 수 있고, 지리적 표시 등록은 등록된 지리적 표시가 적용된 상품에 대한 강화된 국경집행조치 등 소모품 및 식료품에 대한 강화된 보호를 제공합니다.

등록기간은 등록일로부터 10년이며, 매 갱신마다 10년씩 갱신될 수 있습니다.

4.7 혁신기업을 위한 지식재산보험제도(IP Insurance Initiative for Innovators):
2019년 싱가포르 지식재산청은 Lloyd의 아시아 보험사인 Antares
Underwriting Asia와 파트너십을 맺고 지식재산 침해 및 지식재산
라이선시와의 분쟁과 관련된 법률 비용을 보상하는 혁신기업을
위한 지식재산보험제도(Intellectual Property Insurance Initiative for Inno-
vators, "IPIII")를 도입했습니다. 본 제도는 혁신기업의 글로벌 시장
진출에 따라 혁신기업을 지원하기 위하여 출시되었습니다. 신청
인이 IPIII의 적용을 받기 위해서는 1개 이상의 등록상표, 특허 또
는 등록 디자인을 보유해야 합니다. IPIII에 따르면, 싱가포르 특
허, 상표 또는 등록 디자인을 보유한 기업과 혁신기업은 지식재산
권을 집행하거나 지식재산권 침해 혐의를 방어하는 법률 비용을
지급하는 상당한 비용 절감을 갖춘 보험에 가입할 수 있습니다.

5. 고용

5.1 개요: 싱가포르의 고용 법규는 제정법과 판례법에 의해 규율되며,
일반적으로 고용계약과 고용관계를 규율하는 판례법은 영국과
동일합니다. 싱가포르의 고용을 규율하는 주요 법률로는 「1968년
고용법(Employment Act 1968, "고용법")」, 「1993년 은퇴 및 재고용법
(Resirement and Re-Employment Act 1993, "은퇴 및 재고용법")」, 「2001년
자녀양육상호저축법(Child Development Co-Savings Act 2001, "자녀양
육상호저축법")」 및 「1990년 외국인력고용법(Employment of Foreign
Manpower Act 1990)」이 포함됩니다. 싱가포르의 고용 관련 정책의
수립 및 시행을 담당하는 주무기관은 인력부(Ministry of Manpower,
"인력부")입니다.

5.2 일반적인 고용조건

5.2.1 급여: 고용법 상 최저임금 규정은 없으나, 급여 지급시기 및 급여 공제권에 관한 규정을 담고 있습니다.

5.2.2 출산전후휴가 및 육아휴직(Maternity, Paternity Shared Parental Leave): 고용법 및 자녀양육상호저축법은 직원들에 대해 모성보호 및 혜택을 제공합니다. 다양한 계층의 여성 직원들은 이러한 제도에 따라 최대 16주로 정해진 여러 기간으로 이루어진 출산전후휴가를 사용할 수 있습니다. 자녀양육상호저축법에 규정된 조건에 따라 남성 직원도 배우자 출산휴가 및 공동육아휴직을 사용할 수 있습니다.

5.2.3 병역휴직: 국가복무신고가 필요한 남성 직원을 고용한 사용자는 근무기간 동안 병역 휴직을 부여해야 합니다. 본 규정을 준수하지 않는 경우 위반행위에 해당합니다. 사용자가 직원의 근무기간 동안 계속하여 급여를 지급하고 국방부에 환급을 청구하거나 직원이 직접 국방부에 급여 상실분을 청구할 수 있습니다.

5.2.4 정년: 여타 성문법, 근로계약, 단체협약 상의 상반되는 내용에도 불구하고 현재 은퇴 및 재고용법은 63세를 최소 법정 정년으로 규정하고 있고, 사용자가 연령을 단독 사유로 하여 최소 법정 정년 미만의 근로자를 해고하는 것을 금지하고 있습니다.

또한, 은퇴 및 재고용법에 따르면, 사용자는 특정 면제 직원을 제외하고, 법정 정년 또는 계약상 정년(법정 정년보다 높은 경우)에 도달한 직원을 대상으로 해당 직원이 특정

자격 요건을 충족하고 계속 근무할 의사가 있는 경우에 한하여, 68세까지 재고용을 제공할 의무가 있습니다. 만약 합리적인 노력에도 불구하고 재고용 자격을 갖추고 정년을 초과하여 계속 근무하기를 희망하는 근로자에게 재고용을 제공할 수 없고 (i) 사용자가 근로자에게 고용 보조금 형태로 금전적 지원을 제공하거나, (ii) 해당 직원이 기존 사용자에 고용되어 있는 동안 다른 사용자가 기존 사용자 대신 고용을 제안하고 근로자가 이를 수락할 경우, 사용자의 재고용 의무는 소멸될 수 있습니다.

은퇴 및 재고용법에 따르면, 인력부는 정년과 재고용 연령을 각각 65세와 70세까지 규정할 수 있습니다.

5.2.5 사용자 차별: 현재 싱가포르에는 공공기관이 아닌 사용자가 성별, 인종, 종교, 국적 또는 기타 보호대상 항목 등을 이유로 차별을 금지하는 제정법은 없습니다. 단, 다음의 두 가지 경우는 예외로 합니다.

(i) 법정 정년(현재 63세) 미만인 근로자를 연령을 이유로 해고할 수 없다고 규정하고 있는 은퇴 및 재고용법에 의하여

(ii) 사용자가 고용을 함에 있어 조합원이거나 조합원이 될 것을 제안했다는 이유로 차별을 할 수 없다고 규정하고 있는 「1960년 산업관계법(Industrial Relations Act 1960)」에 의하여

전술한 내용에도 불구하고, 싱가포르에서 사용자는 공정한 고용관행을 도입하여 직장 내 차별을 방지하고 진보적인 인사관행을 도입하도록 장려하도록 규정하고 있는 공정한 고용관행에 관한 3자 지침(Tripartite

Guidelines on Fair Employment Practices, "3자 지침")을 준수할 것이 기대됩니다. 무엇보다도, 3자 지침은 연령, 성별, 인종, 종교, 결혼 여부 및 가족 책임, 또는 장애를 기준으로 정하는 광고를 금지하고 있습니다.

현재, 3자 지침은 법적 강제력은 없으나, 인력부는 직장 내 차별 혐의에 대한 강경한 입장을 취하고 있으며 직장 내 차별에 대한 모든 고발을 조사하고, 부정한(errant) 사용자에 대하여 취업비자 특권 축소 등 행정조치를 취하고 있습니다.

2021. 8. 29. 리셴룽 싱가포르 총리는 정부가 3자 지침을 공식적으로 법제화하기 위한 신규 법률을 제정할 것임을 발표했습니다. 그러나, 현재 신규 법률이 언제 제정될지에 대해 별다른 언급은 없습니다.

5.3 고용 해지: 직원의 근로계약 해지 통지는 서면으로 이루어져야 하며, 계약 상 통지 규정이 없는 경우, 고용법에 최소 통지기간이 정해져 있습니다. 26주 미만 재직자의 경우 최소 1일 이상, 5년 이상 재직자의 경우 최대 4주 이상으로 규정되어 있습니다.

5.4 M&A 조건에서의 고용: 싱가포르 회사 주식의 양도에 관한 M&A 거래의 경우, 법률의 적용에 의하여 해당 거래에 따른 직원의 고용계약 조건의 자동 해지 또는 변경은 없고, 직원들은 주식 취득이 완료된 후에 동일 회사의 직원으로 계속 존속할 것으로 보입니다(직원들의 고용계약 상의 지배권 변동 규정에 따름). 양도인("양도인")으로부터 양수인("양수인")에게 계속기업으로서 사업("본건 사업")을 양도하는 M&A 거래의 경우, 고용법 제18A조는 고용법의

적용을 받고 양수인의 본건 사업에 고용된 직원들의 고용계약은 자동 승계되어 처음부터 양수인과 체결되었던 것처럼 효력이 발생한다고 규정하고 있습니다.

6. 조세

6.1 개요: 국세청은 싱가포르 의회에서 통과된 다양한 세법을 관장할 책임이 있습니다. 국세청에 따른 조세 정책은 이익을 증대하고 경제적·사회적 목표를 증진하는 데 그 주요 목적이 있으며, 개인과 법인 모두에 대하여 세율을 경쟁력 있게 유지하는 것을 근본적인 원칙으로 삼고 있습니다. 싱가포르에서 납부해야 하는 주요 세금은 다음과 같습니다.

6.2 법인세: 싱가포르 법인세는 속지주의 기반으로 싱가포르 원천 소득은 싱가포르 법인세의 적용을 받습니다. 일반적으로, 국외원천 소득은 싱가포르에서 수취(또는 법률에 따라 수취된 것으로 간주)되지 않는 한 싱가포르에서 과세되지 않습니다. 싱가포르에서는 양도소득이 부과되지 않으므로 투자자산이나 기타 자본자산의 처분으로 인한 양도소득은 싱가포르에서 과세되지 않습니다. 다만, 싱가포르 원천 또는 싱가포르에서 수취된 수입 성격의 소득(또는 이와 같이 간주되는 소득)의 경우 싱가포르 법인세를 납부해야 합니다. 매 과세연도(기업의 경우 전년도에 종료하는 회계연도에 해당)에 납세의무자의 소득에 과세되어 납부해야 합니다. 기업의 경우 현행 세율은 17%이며 2020과세연도부터 이익 중 맨 처음 200,000 싱가포르 달러에 대해 부분적으로 면세가 적용됩니다.

6.3 **상품 및 용역세(Goods and Services Tax)**: 상품 및 용역세("GST")
는 내국소비에 대한 세금를 의미합니다. 주로 생산자 및 공급자
에게 과세되지만, 조세 부담은 GST 등록을 하지 않은 최종 소비
자에게 귀속되도록 의도됩니다. 일반적으로, 사업 과정에서 또는
사업 추진 과정에서 과세 대상 공급을 하거나 공급하고자 하는
자는 GST 등록을 할 수 있습니다. 싱가포르에서 사업을 영위하
고 해당 연도에 싱가포르에서 이루어진 GST 과세대상 공급 총액
이 12개월간 1백만 싱가포르 달러를 초과하거나 초과할 것으로
합리적으로 예상되는 경우 GST 등록이 요구됩니다. 또한, 역수
수료제도(reverse charge regime)에 따라 싱가포르 외의 공급업체로
부터 용역을 수입하는 GST 등록자는 GST를 회계처리해야 하고,
해외 공급업체 등록 제도(overseas vendor registration regime)에 따라
싱가포르 외의 공급업체의 경우 해당 연도 또는 향후 12개월간
전세계 매출액과 싱가포르에서 GST 미등록 고객에게 제공된 용
역가액이 각각 1백만 싱가포르 달러 및 100,000 싱가포르 달러를
초과하는 경우 GST를 등록, 청구 및 회계처리해야 할 의무를 부
담할 수 있습니다. 일반적으로, GST 등록자의 싱가포르 내 재화
또는 용역의 공급 및 싱가포르 국내로의 물품 수입에 대하여 7%
의 GST가 부과됩니다. GST세율은 2023. 1. 1.부로 7%에서 8%로,
2024. 1. 1.부로 8%에서 9%로 인상된다고 2002년 싱가포르 예산
서(Singapore Budget Statement 2022)에 발표되었습니다. 다만, 특정 공
급에 대해 GST가 면제되며 싱가포르에서의 물품 수출과 특정 국
제 용역의 공급에 대해 영세율이 적용됩니다.

6.4 **인지세**: 일반적으로, 인지세는 싱가포르 내 부동산의 양도 또는
싱가포르에 등록된 주식의 양도에 대한 매매계약이나 증서에 대
해 납부해야 합니다. 모기지 및 임대차에 대해서도 인지세를 납

부해야 합니다.

인지세율은 부동산 양도의 경우(매매대금과 부동산 가격 중 높은 금액의) 약 3%(매수인 인지세의 경우), 주식 양도의 경우(매매대금과 주식금액 중 높은 금액의) 0.2%입니다. 2018. 2. 20.부터 취득한 주거용 부동산의 경우, 1백만 싱가포르 달러를 초과하는 주거용 부동산 가격에 대해 최대 추가 4%의 인지세율이 적용되고, 통상 부동산이나 주식의 양수인이 납부해야 합니다. 다만, 일정한 경우 인지세를 면제받을 수 있습니다.

위에서 살펴본 인지세 외에도 싱가포르 부동산의 양도인이 해당 부동산을 취득한 후 일정 기간 내에 해당 부동산을 주거용 또는 산업용으로 처분하는 경우 양도인은 매도인 인지세를 납부해야 할 가능성이 있습니다. 특정 상황에서 주거용으로 사용되는 싱가포르 부동산의 양수인에게도 추가 매수인 인지세(**"추가 매수인 인지세"**)가 적용될 수 있습니다. 특히, 개인이 아닌 양수인(즉, 주택개발사업자가 아닌 자 또는 주택개발사업자의 수탁자가 아닌 수탁자)은 (매매대금과 부동산 가격 중 높은 금액의) 35%의 세율로 추가 매수인 인지세를 적용받을 수 있습니다. 2022. 5. 9.부로 싱가포르 주거용 부동산을 생전 신탁(living trust)(생전에 설정한 신탁)으로 이전하는 경우 35%의 추가 매수인 인지세가 적용됩니다. 추가 매수인 인지세는 선납부되어야 하지만 일정한 조건이 충족되는 경우 수탁자는 국세청에 추가 매수인 인지세의 환급을 신청할 수 있습니다. 주택개발사업자를 위하여 신탁으로 이전되는 주거용 부동산의 경우 40%의 추가 매수인 인지세가 적용됩니다. 또한, 추가 매수인 인지세는 싱가포르 주거용 부동산에 대한 지분을 포기하는 경우에도 적용될 수 있습니다.

또한, 싱가포르 주거용 부동산의 시세가 대상회사와 그 관계회사의 총 유형자산의 50% 이상인 경우에는 해당 주거용 부동산을 (직·간접적으로) 실질적으로 소유하는 부동산 보유 법인의 지분의 상당한 인수 또는 처분에 대해 매수인 및/또는 매도인에 대해 부가양도세(additional conveyance duties)가 부과될 수 있습니다. 2022. 5. 10.부로 부동산 보유 법인의 지분을 모든 생전 신탁으로 양도하는 경우에도 부가양도세가 적용됩니다(양도 당시 해당 지분의 확인 가능한 실질적 소유자가 존재하지 않는 경우에도 적용됨).

6.5 배당금에 대한 과세

6.5.1 싱가포르 법인으로부터 해외 법인에 대한 배당금: 싱가포르 세법상 거주자인 법인의 주식을 보유하고 해외에 거주하는 주주가 지급받는 배당금은 과세대상이 아닙니다.

6.5.2 해외 법인으로부터 싱가포르 세법상 거주자에 대한 배당금: 싱가포르 세법상 거주자인 법인이 해외 거주 법인으로부터 지급받는 배당금에 대해 과세되지 않습니다. 다만, (a) 해당 소득에 대해서 해당 해외 국가의 법률상 법인세에 대해 적용되는 유사한 성격의 세금이 부과되고 (b) 해당 소득을 싱가포르에서 수취하는 시점 당시 해당 국가에서 법인이 수행하는 거래 또는 사업에서 발생하는 소득이나 이익에 대하여 해당 국가의 법률상 부과되는 유사한 성격의 세금의 최고 세율이 15% 이상인 경우여야 합니다. 싱가포르 거주자인 개인이 해외에서 지급받은 배당금에 대해서 과세되지 않습니다.

7. 외환

7.1 개요: 현재 싱가포르에는 외환 규제 제도가 없으며, 거액의 통화를 국내외로 송금하는 경우 통지 의무만 적용됩니다. 「1953년 외환관리법(Exchange Control Act 1953)」은 외환규제규정을 담고 있으나, 1978. 6. 1.부터 통화청은 그 시행을 중단했습니다. 이후 싱가포르의 모든 외환 규제는 폐지되고 거주자와 비거주자 모두 자유롭게 싱가포르 달러 자금을 국내외로 송금할 수 있게 되었습니다. 또한, 외환시장에서 싱가포르 달러를 자유롭게 매매할 수도 있습니다. 모든 형태의 지급 또는 자본이체에 대하여 외환규제절차 또는 승인이 요구되지 않습니다.

7.2 신고 요건: 대내외 현금 반출입과 관련한 신고 요건은 다음과 같습니다.

  7.2.1 20,000 싱가포르 달러(또는 이에 상응하는 외화)를 초과하는 현금을 대내외로 반출입하는 자가 현금을 소지하고 이동하는 경우 출입국관리공무원에게, 기타 일체의 다른 경우에는 의심거래신고담당자(Suspicious Transaction Reporting Officer)에게 소정의 기한 내에 신고해야 합니다.

  7.2.2 싱가포르 이외의 지역에서 20,000 싱가포르 달러(또는 이에 상당하는 외화)를 초과하는 현금을 수취하는 자는 수취일로부터 5영업일 이내에 의심거래신고담당자에게 신고해야 합니다.

  싱가포르 경찰은 신고 요건은 통화규제조치에 해당되지 아니라는 점을 명확히 했습니다. 국내외로 반출입될 있는 실물통화 및 무기명 유통증권(bearer negotiable instruments)의 종류 또는 금액에 대한 제한은 없습니다. 이러한 조치에 따라 반출입되는 실물통화 및 무기명 유통증권의 총액이 20,000 싱가포르 달러 (또는 그에 상당하는 외화 금액)를 초과하는 경우에만 신고할 것이 요구됩니다.

7.3 면제 대상자: 특정인은 신고 요건의 준수로부터 면제됩니다. 다음을 대내외로 반출입하거나 싱가포르 이외의 지역에서 수취하는 현지 금융기관이 이에 포함됩니다.

　7.3.1 외국 금융기관에 개설된 계좌 결제를 위한 무기명 유통증권

　7.3.2 고객에게 증권 보관 서비스를 제공하는 과정에서의 무기명 채권 또는 무기명 증권

8. 금융

8.1 개요: 싱가포르의 자금조달을 규율하는 주요 법률로는 「1970년 은행법(Banking Act)」, 「1970년 싱가포르 통화청법(Monetary Authority of Singapore Act 1970)」 및 「1967년 금융회사법(Finance Companies Act 1967)」 등이 있습니다. 통화청은 싱가포르의 중앙은행이면서 금융 규제기관입니다.

8.2 주요 대출업체(credit facilities Providers) 및 대출업체 규제기관: 은행, 종합금융회사(1970년 은행법에 따라 인가받음)와 금융회사(1967년 금융회사법에 따라 인가받음)는 싱가포르에서 대출(credit facilities)을 제공할 수 있습니다. 은행, 종합금융회사 및 금융회사는 통화청의 규제를 받습니다. 통화청은 싱가포르 중앙은행의 역할을 수

행하면서 이와 동시에 싱가포르의 모든 금융기관을 포괄적으로
감독합니다. 싱가포르의 은행, 종합금융회사 및 금융회사 목록은
MAS 웹사이트(www.mas.gov.sg)의 금융기관 디렉토리(Financial Institu-
tions Directory)에서 제공됩니다. 은행, 종합금융회사 및 금융회사
와 별개로, 「2008년 대부업법(Moneylenders Act 2008)」에 따라 인가
받은 대부업자는 싱가포르에서 대부업을 영위하도록 허용됩니
다. 2008년 대부업은 법무부가 관장합니다. 싱가포르에서 인가받
은 대부업자 목록은 대부업자 등록소(Moneylenders Registry) 웹사이
트(www.mlaw.gov.sg/content/rom/en.html)에서 확인하실 수 있습니다.

8.3 외국 금융기관에 대한 싱가포르 달러 대출(credit facility) 제한: 통화
청은 싱가포르 외의 지역에 거주하는 금융기관에게 싱가포르에서
인가받은 금융기관이 제공할 수 있는 싱가포르 달러 대출(credit
facilities) 금액에 대한 제한을 두고 있습니다. 이러한 제한은 외환
규제의 형태라기보다는 싱가포르 달러의 투기를 줄이고 통화청
의 통화 정책 시행 효과를 보전하는 데 그 목적이 있습니다.

9. 증권

9.1 개요: 「2001년 증권선물법("증권선물법")」은 싱가포르 증권법의 주
요 근간입니다. 추가 세부내용을 추가하고 그 규정을 명확히 한
규정, 통지, 회람, 가이드라인, 관행메모(practice note) 및 규칙에 의
해 보완됩니다. 통화청은 증권선물법을 관장하는 규제기관입니다.

9.2 조직화된 시장(Organised Markets): 증권선물법에 따라 규제되는

승인된 거래소 또는 공인된 시장 운영자만이 조직화된 시장을 개설 또는 운영하도록 허용됩니다. 싱가포르거래소(Singapore Exchange Limited)의 완전자회사인 싱가포르증권거래소(Singapore Exchange Securities Trading Limited, "SGX-ST")는 현재 싱가포르에서 유가증권거래를 승인받은 유일한 거래소입니다. 투자자들은 SGX-ST에 상장된 증권을 자유롭게 거래할 수 있으므로 상장을 통하여 증권의 시장성은 높아집니다. SGX-ST 유가증권시장에 상장될 수 있는 투자상품에는 회사 주식, BT 출자좌, 투자펀드 출자좌 또는 주식, 부동산투자신탁 출자좌, 구조화 워런트 및 채무증권(채권 등)이 포함됩니다. SGX-ST에 주식을 상장하고자 하는 법인(싱가포르 법인 또는 외국 법인 무관함)은 메인보드 또는 카탈리스트에 상장하는 것 중에서 선택할 수 있습니다.

9.2.1 **메인보드**: 높은 시장진입 및 상장 요건(최소 이익 및 시가총액 수준 등)을 갖춘 성숙기업들의 니즈에 부합합니다.

9.2.2 **카탈리스트**: 카탈리스트 보드(Catalist Board)는 소규모 기업 또는 빠르게 성장하는 기업들의 니즈에 부합하고, 기업이 승인된 완전 스폰서(Full Sponsors)에 의해 기업공개 또는 역인수를 통해 상장되도록 유도하는 모델입니다. 이러한 기업들의 경우, SGX-ST에서 요구하는 최소한의 정량적 진입 기준이 없는 대신 완전 스폰서가 상장 신청인의 상장 여부를 정합니다.

10. M&A

10.1 **개요**: M&A에 대한 싱가포르 주요 법률의 근간은 「1967년 회사

법(Companies Act 1967, "회사법")」, 증권선물거래법 및 「인수 및 합병에 관한 싱가포르 법률(Singapore Code on Take-overs and Mergers, 이하 "인수합병법")」 등이 있습니다.

10.2 **회사법**: 회사법은 회사의 설립, 경영, 관리 및 해산을 규율하는 일반적인 회사 법규를 포함하고 있습니다. 인수 관련 규정으로는 이사의 선관주의의무, 지분 인수를 위한 공개회사(public company) 또는 공개회사의 자회사의 자금 지원 제한, 인수의 일환으로 발생할 수 있는 회사 처분을 위한 절차적 요건 등이 있습니다. 또한, 회사법은 회사를 위한 schemes of arrangement(싱가포르와 실질적인 관련이 있는 외국 회사를 포함함) 및 합병(amalgamations)(싱가포르에서 설립된 회사를 대상으로 함)과 같은 인수 방식을 규정하고 있습니다.

10.3 **증권선물법, 인수합병법 및 상장규정**: 증권선물법은 인수와 관련된 법률 규정을 담고 있습니다. 인수합병법은 공개회사의 의결권의 취득에 적용됩니다. 이는 싱가포르에 지분증권을 1차 상장한 법인(싱가포르 법률에 따라 설립되지 않은 법인 포함), 싱가포르에 지분을 1차 상장을 한 BT 및 리츠에 적용됩니다. 인수합병법은 상장된 공개회사, 상장된 기등록 BT와 리츠를 고려하여 작성되었으나 50인이 넘는 주주 또는 사원을 보유하거나 5백만 싱가포르 달러 이상의 순유형자산을 보유하고 있는 비상장 공개회사, 비상장 기등록 BT는 가능하고 해당되는 경우 일반원칙 및 상장규정에 명시된 인수합병법의 문구(letters) 및 정신을 준수해야 합니다. 인수합병법은 다른 비상장 공개회사, 비상장 BT 또는 리츠 또는 비공개회사(private companies)의 인수·합병에는 적용되지 않습니다.

외국에서 설립된 법인 및 해외 등록 BT의 경우, 인수합병법은 싱가포르에 1차로 상장되어 있는 경우에만 적용됩니다. 인수회사 또는 대상회사가 싱가포르거래소 SGX-ST에 상장된 회사인 경우, SGX-ST 상장규정도 적용됩니다. 다시 말해서, 상장규정은 상장회사의 전반적인 사항을 규율하는 규정을 두고 있으므로 인수회사 또는 대상회사가 SGX-ST에 상장되는 경우라면 그 규정을 고려해야 합니다.

10.4 공개회사의 M&A: 공개회사의 인수합병은 다양한 방식으로 진행될 수 있으며 general offers, schemes of arrangement 및 합병(amalgamations)이 포함됩니다.

일반적으로, 인수합병법에 따르면 공개매수(take-over offers)는 세 가지 형태를 취할 수 있는데, 인수대상회사에 대한 공개매수자(offeror)의 소유지분에 의해 발생되는 강제공개매수 또는 그렇지 않은 자발적 공개매수, 공개매수자가 인수대상회사의 주식 100% 취득하는 것을 의도하지 않는 부분적 공개매수(partial offer)라고 할 수 있습니다. 공개매수자는 인수대상회사의 주주들로부터 공개매수제안을 수락하겠다는 취소불가능한 확약을 구할 수 있으며 동 확약은 공개되어야 합니다.

공개매수가 이루어지기 전에 공개매수자는 인수대상회사에 대한 실사를 진행할 수 있도록 허락해 줄 것을 요구할 수 있습니다. 인수합병법에 따르면, 공개매수는 우선적으로 인수대상회사의 이사회 또는 자문사에게 통지되어야 한다고 규정되어 있습니다. 인수대상회사의 이사회에 연락한 후에는(공개매수로 귀결되거나 귀결되지 않을 가능성이 있음) 통상 보류할지의 여부(holding)에 대한 발표를 할 주요 책임은 인수대상회사의 이사회에 있습니다. 인수

대상회사의 이사회는 공개매수를 우호적으로 보는지 또는 달리 보는지의 여부에 관계없이 지체 없이 주주들에게 중대한 출처로부터 공개매수를 할 것인지에 대한 확정적 의사를 언제 통지받는지에 대해 통보합니다. 인수합병법에 따르면, 공개매수가 발표되기 전까지 엄격하게 기밀을 유지해야 합니다. 통상, 공개매수 관련서류는 공개매수 발표일로부터 14일 이내(아무리 늦어도 21일 이내)에 송부되어야 합니다. 이후 인수대상회사는 공개매수서류가 송부된 후 14일 이내에 주주들에게 인수대상회사 서류(offeree document)를 송부합니다. 공개매수서류가 송부된 날로부터 최소 28일 동안 공개매수는 개방되어야 합니다. 주식 대금은 (i) 모든 측면에서 공개매수가 무조건부로 되거나 무조건부로 선언되는 날과 (ii) 수락이 된 날 중 나중에 도래하는 날로부터 7영업일 이내에 지급해야 합니다.

인수합병법에 따른 인수를 추진하는 대신 회사법 제210조에 규정된 scheme of arrangement를 통하여 공개회사의 인수를 할 수 있습니다. scheme of arrangement에 따라 인수회사가 인수대상회사의 주주에게 현금을 납입하거나 인수회사의 신주(또는 현금과 주식을 혼합한 형태)를 발행하는 대가로, 인수대상회사는 기존 주식을 소각하고 인수회사에게 인수대상회사의 신주를 발행합니다. 또는, 인수 대상회사의 기발행주식을 인수대상회사의 주주로부터 인수회사에 양도할 수 있습니다.

scheme of arrangement의 대안으로 공개회사의 인수는 합병(amalgamation)절차를 통해 이루어질 수 있습니다. 이러한 절차는 2곳 이상의 싱가포르 회사가 하나의 회사로 합병되어 존속하거나 2곳 이상의 싱가포르 회사가 합병되어 신설 회사를 설립하는 것입니다. scheme of arrangement와는 달리, 합병(amalgamation)절차는 싱가포르 고등법원의 제재를 필요로 하지 않는다는 점에서 주요 차이가 납니다.

합병(amalgamation) 및 scheme of arrangement 모두 인수합병법의 적용을 받지만, 특정 조항의 예외가 적용될 수 있습니다.

10.5 비공개회사의 M&A: 일반적으로, 싱가포르 비공개회사의 사업의 매수인은 사업을 영위하는 싱가포르 회사의 기발행 주식을 취득하거나(**"지분 매각"**) 싱가포르 회사의 사업을 인수(**"사업 매각"**)하는 것 중 하나의 방법으로 사업을 인수합니다. 제3의 구조는 1967년 회사법 제215A조에 따른 법적 합병(amalgamation)절차의 형태로 실무상 거의 채택되지 않고 있습니다.

주식 매각의 경우 매수인은 싱가포르 회사이거나 싱가포르에 법적 실체(presence)를 둘 필요는 없습니다. 사업 매각의 경우, 매수인은 싱가포르에 법적 실체를 두거나 싱가포르에 법적 실체를 둔 인수기구를 두어야 합니다. 외국 기업이 우선적으로 법적 실체를 두지 않고 싱가포르에서 사업을 영위하거나 사업장을 설립하는 것은 위반행위에 해당하기 때문입니다.

주식 매각은 싱가포르 회사 주식의 소유권 이전에 관한 사항일 뿐이므로 보다 간단한 거래에 해당하는 경향이 있습니다. 반면, 사업 매각의 경우 자산 소유권이 싱가포르 회사에서 매수인에게 이전되어야 합니다. 싱가포르 회사의 자산에는 토지 및 부지(premises), 재고 및 재공품, 장부 부채, 지식재산권, 영업권, 보험, 임대차, 용선 매입(hire purchase) 및 기타 계약, 공장 및 기계설비가 포함될 수 있습니다. 따라서, 다른 방식의 양도 및 이전(conveyance, assignments and transfers)에 의하여 각 자산이나 자산군을 싱가포르 회사에서 매수인에게 양도할 필요가 있습니다.

FTL

싱가포르 경쟁법과 집행절차의 이해
−한국경쟁법과의 비교를 통한 접근

Kim & Chang

김경연 · 이동미

제1장 싱가포르와 한국의 경쟁법

제1절 경쟁법의 규제 범위

싱가포르의 경쟁법과 집행절차를 한국의 경쟁법인 독점규제 및 공정거래에 관한 법률[1]과의 비교를 통해 이하에서 살펴보기로 한다. 규제범위와 적용 대상 측면에서 양국의 경쟁법을 비교하면 싱가포르는 한국과 상당한 차이가 있다.

먼저 한국의 경우, 경쟁법 위반행위는 크게 시장지배적 지위남용행위, 경제력 집중 억제, 경쟁제한적 기업결합, 부당한 공동행위, 불공정거래행위, 사업자단체금지행위, 재판매가격유지행위 금지 등 크게 7개 분야로 나누어 볼 수 있다.

시장지배적 지위남용행위 금지는 시장지배적 사업자가 그 지위를 이용하여 일정한 남용행위를 하는 것을 금지하는 것으로서, 유형은 가격을 부당하게 결정 · 유지 · 변경 등을 하는 행위, 상품의 공급을 부당하게 조절하는 행위, 다른 사업자의 사업활동을 부당하게 방해하는 행위, 새로운 경쟁사업자의 참가를 부당하게 방해하는 행위, 부당하게 경쟁사업자를 배제하기 위하여 거래하거나 소비자의 이익을 현저히 해칠 우려가 있는 행위가 있다.

경제력 집중의 억제는 일반적인 경쟁법 규제 내용에는 포함되어 있지 않은 유형으로 일본 외에는 유사한 입법례가 거의 없다. 전통적인 경쟁법에서 산업집중이나 시장집중은 구체적인 행위를 통해 시장에 경쟁제한 우려가 발생할 때 그 행위를 규제하는 방식으로 이루어진다. 시장지배적 지위남용행위 금지 또는 경쟁제한적 기업결합의

---

1) 이하 '공정거래법'이라 한다.

금지 등이 시장집중의 우려를 차단하기 위한 전통적인 경쟁법 위반행위 유형이다. 그러나 소유집중은 전통적 경쟁법 위반행위 유형으로는 접근하기 어려운 측면이 있다. 그래서 한국은 소유집중을 해결하기 위해 전통적 경쟁법 위반행위 범주에 포함하기 어려운 출자규제, 채무보증 제한, 기업집단 현황 공시 등 대기업집단 관련 다양한 규제를 하고 있다.

경쟁제한적 기업결합의 금지는 누구든지 또는 특수관계인을 통하여 관련 시장에서 경쟁을 실질적으로 제한하는 일정한 유형의 기업결합을 제한하는 것을 말한다. 심사대상이 되는 기업결합 유형은 다른 회사 주식의 취득 또는 소유, 임원 또는 종업원에 의한 다른 회사의 임원 지위의 겸임, 다른 회사와의 합병, 다른 회사의 영업의 전부 또는 주요 부분의 양수·임차 또는 경영의 수임이나 다른 회사의 영업용 고정자산의 전부 또는 주요 부분의 양수, 새로운 회사설립에의 참여 등이 있다.

부당한 공동행위는"담합" 또는 "카르텔"을 규제한다. 공정거래법은 "사업자가 계약·협정·결의·기타 어떠한 방법으로도 다른 사업자와 공동으로 부당하게 경쟁을 제한하는 일정한 행위를 할 것을 합의하여서는 아니된다"고 하고 합의의 내용을 10가지 유형으로 구분하여 부당한 공동행위를 금지하고 있다.

그에 비해 싱가포르는 시장지배적 지위남용행위, 기업결합, 경쟁제한적 합의가 규제 대상분야에 해당한다. 한국은 싱가포르가 규제하는 내용 외에도 불공정거래행위, 경제력 집중 억제, 사업자단체금지행위, 재판매가격유지행위 등이 있음을 볼 때 규제 범위에서 상당한 차이가 있음을 알 수 있다.

제2절 경쟁법의 적용대상

법적용 대상의 경우 한국은 "사업자"이기만 하면 공정거래법 적용 대상에 해당한다. 공정거래법에 의하면 "사업자"는 제조업, 서비스업, 기타 사업을 행하는 자이므로 상당히 포괄적이다. 국가나 지방자치단체도 사경제의 주체로서 타인과의 거래행위를 하는 경우에는 사업자에 포함된다.

법위반에 대한 규제는 속지주의가 일반적이나, 일반적으로 경쟁법은 일정한 제한하에서 역외적용을 한다. 한국 공정거래법은 국외에서 이루어진 행위라도 그 행위가 국내 시장에 영향을 미치는 경우에는 법을 적용하도록 명문화 하고 있다.

이에 비해 싱가포르 경쟁법의 규제대상은 "싱가포르 국내시장 경쟁에 영향을 미치는 사업자"로, 한국에 비해 대상이 제한적이다. 역외적용은 한국과 유사하게 국외에서 이루어진 행위라도 싱가포르 시장 경쟁에 영향을 미치는 경우에는 경쟁법을 적용한다고 명문으로 규정하고 있다.

제2장 경쟁당국 및 사건절차 소개

제1절 경쟁당국의 조직 및 역할

한국에서 경쟁법 관련 업무를 하는 정부 기관은 "공정거래위원회"[2]이다. 대통령이 임명하는 장관급 위원장과 차관급 부위원장, 3인

---

2) 이하 "공정위"라 한다.

의 상임위원 및 4인의 비상임위원으로 구성된다.

공정위 사무를 처리하기 위하여 사무처를 두고, 사무처장이 공정위 소관분야 전체를 총괄한다. 다만 심판과 송무 부서는 의결과 직접적으로 관련있는 부서임을 감안하여 부위원장 직속으로 두고 있다.

싱가포르 경쟁법을 소관하는 기관은 "경쟁소비자위원회[3]"이다. CCCS는 산업부 장관이 임명하는 위원장과 16인 이하의 위원으로 구성되고, 부사무처장 2인을 두고 있다. 부사무처장 2인은 법집행 · 소비자보호 분야, 정책 · 경영 · 경제 분야를 각각 관장하고 있다.

한국은 공정위가 장관급 부처인데 반해, 싱가포르는 산업부 장관이 위원장을 임명하는 것을 볼 때 경쟁법 소관 기관의 위상은 한국이 좀 더 높은 것으로 보인다. 한국이 비상임위원을 통해 행정기관이 가지는 의사결정의 한계를 극복하려고 한 것도 싱가포르와 다른 점이다.

제2절 사건절차

한국의 사건처리 절차는 크게 사건인지, 사건심사, 사건 심의 및 결정으로 구분된다.

사건 인지단계는 사건착수 여부를 결정하는 단계이다. 사건착수는 공정위가 신고 또는 직권의 방법으로 법위반 혐의를 인지한 후 30일 내에 결정할 수 있다. 사건착수는 법적용 요건인 사업자, 처분시효 등을 충족하면 일반적으로 진행된다. 따라서 사업자가 아니거나 민사사안으로 공정거래법 적용 대상이 아닌 경우, 처분시효가 도과한 경우, 피조사대상 사업자가 폐업한 경우 등의 경우에는 착수를 하지 않고 심사를 불개시하게 된다.

---

3) Competition and Consumer Commission of Singapore, 이하 'CCCS'라 한다.

공정위가 사건을 착수한 이후에는 피조사 사업자의 행위가 법위반 요건에 해당되는지에 관하여 조사를 진행한다. 자료제출, 진술조사, 현장 조사 등을 통해 행위 사실을 확인한 후 위법성 요건을 충족하는 경우에는 해당 건에 대한 심사보고서를 전원회의 또는 소회의에 상정하게 된다.

사업자는 상정된 심사보고서에 대하여 의견을 제출할 수 있고, 위원회는 심사관의 심사보고서와 피조사 사업자의 의견을 종합적으로 검토 및 심의하여 최종 처분 여부를 결정한다. 법위반행위가 객관적으로 중대하고 명백하면서 경쟁질서를 현저히 해하는 경우에는 형사고발도 함께 진행한다.

이상 설명한 절차는 정식 사건처리 절차로서 정식절차를 간소화한 약식 사건처리 절차도 존재한다. 당초 심사관 조치의견이 시정명령만 있고, 피심인이 수락하는 경우에 한하여 약식절차가 가능하였으나 2021년 12월에 약식절차 대상 사건을 대폭 확대하여 과징금, 고발 등이 있는 경우에도 일정한 경우 약식이 가능하도록 사건절차규칙을 개정한 바 있다. 피조사 사업자가 약식절차를 수락하는 경우 일정비율의 과징금 감경도 할 수 있도록 하여 약실절차 선택 유인이 더 커지게 되었다.

사업자는 위원회의 행정처분에 대하여 행정심판 없이 직접 서울고등법원에 처분 취소 소송 등 행정소송을 제기하여 불복할 수 있다.

이에 비해 싱가포르 CCCS의 사건처리 절차는 크게 사건인지, 사건조사, 예비결정, 최종 결정으로 구분할 수 있다.

CCCS는 경쟁법 위반행위를 인지한 경우 해당 사업자, 소비자, 제3자를 대상으로 사전심사를 진행할 수 있다. 이는 사건착수 이전의 비공식적 조사 단계로 사전심사 결과에 따라 사건 진행여부, 즉 사건착수를 결정한다.

사전심사를 통해 경쟁법 위반행위가 발생하였다는 충분한 근거가 있는 경우 CCCS는 사건 조사에 착수하게 된다. 위반행위 조사를 위하여 CCCS는 기업 등에게 필요한 정보를 제공하도록 할 수 있고, 관련 물품을 압수할 수 있는 권한도 보유한다.

조사 결과 위반행위가 인정되는 경우 CCCS는 예정된 법위반 결정 통지서[4]를 발급한다. 예비결정서는 CCCS의 최종결정의 기초가 되는 정보로서 i) CCCS가 보고 있는 법위반 근거사실 및 예비결정 사유, ii) 관련자가 CCCS에 진술을 할 수 있는 기한, iii) 관련자가 통지서상에 언급된 사항에 대하여 CCCS에 서면진술서를 제출할 수 있는 기한, iv) 예비 결정이 예정된 기업결합 등과 관련된 경우, 해당 기업결합 당사회사 또는 경우에 따라 기업결합에 참여한 당사회사는 통지서일로부터 14일 내에 산업부에 공익을 근거로 제54조 금지규정의 면제를 신청 가능하다는 등의 내용이 포함된다. 예비결정서는 관련자에게 발급되고, 이를 근거로 관련자들은 CCCS가 최종 결정을 내리기 전에 기타 고려할 만한 정보를 CCCS에 제공한다.

관련자들이 예비결정서에 대하여 정보를 제공하면 CCCS는 이를 검토하여 경쟁법 위반여부, 과징금이나 기타 시정조치가 부과되어야 하는지 여부를 최종적으로 결정한다. CCCS의 최종 결정에 대한 자료는 CCCS의 Public Register에 등록된다.

관련자들이 CCCS의 최종 결정에 불복하는 경우 경쟁심판위원회[5]에 항소할 수 있다. 경쟁심판위원회는 산업부 장관이 지명한 위원들로 구성되고 CCCS와는 별개의 독립된 기구이다.

불복신청은 해당 불복과 관련된 결정의 효과를 유예하지 못한다.

---

4) PID; Proposed Inftingement Decision. 이하 '예비결정서'라 한다.

5) Competition Appeal Board

다만 과징금의 부과 자체 또는 과징금 금액에 대한 불복은 유예가 가능하다. 경쟁심판위원회는 심판의 대상이 되는 결정의 전부 또는 그 일부를 확정하거나 파기할 수 있고, 사안을 CCCS로 이관하거나 과징금을 부과·철회·변경도 할 수 있다. 이러한 경쟁심판위원회 결정에 대한 불복은 싱가포르 고등법원에 가능하다.

싱가포르도 한국의 약식절차와 유사한 신속처리절차가 존재한다. 신속처리절차는 경쟁제한적 합의와 시장지배적 지위남용행위와 관련하여 적용되고, 피조사인이 법위반 혐의를 조기에 인정하는 경우에는 과징금을 최대 10%까지 감경해 준다.

제3절 한국 공정거래위원회 대비 싱가포르 경쟁소비자위원회 사건절차 관련 시사점

이상과 같이 한국과 싱가포르의 사건처리절차를 살펴보았다. 두 절차를 비교하여 보면 사건 착수는 한국이 좀 더 용이한 것으로 보인다. 사업자 여부, 법적용 제외사유에 해당하지 않으면 원칙적으로 사건에 착수하기 때문이다. 그에 비해 싱가포르는 사전심사를 통해 경쟁법 위반에 대한 충분한 근거가 있을 때 사건착수를 하게 되므로 착수 이전에 종결될 가능성이 한국보다 높은 것으로 보인다.

CCCS의 예비결정서는 최종 결정을 위한 검토단계로서 조사결과에 의거하여 법위반 혐의 내용 및 근거 등을 법위반 관련자에게 송부한다는 측면에서 공정위의 심사보고서와 유사한 부분이 있다. 또한 CCCS의 예비결정서에 대해 관련자가 정보를 제공하고 CCCS가 이를 검토하여 최종 처분을 내리는 부분은 공정위 사건처리 절차에서 심사보고서에 대하여 피조사사업자가 의견서를 제출하고, 공정위가 의견서, 심사보고서, 관련 근거 등을 종합적으로 검토하여 최종적으로 결정하는 부분에 대응된다고 볼 수 있다.

CCCS의 최종처분에 대한 불복은 반드시 행정심판에 해당하는 경쟁심판위원회의 결정을 거친 후에야 비로소 법원에 소를 제기할 수 있어 한국의 불복절차와는 상당히 다르다. 한국은 공정위 최종 처분에 대하여 행정심판을 거치지 않아도 서울고등법원에 바로 처분에 불복하는 소를 제기할 수 있다.

약식절차는 한국 공정위가 약식사건 대상을 확대하고 약식절차를 수락하는 경우 과징금 감경도 할 수 있도록 관련 규정을 개정함에 따라 싱가포르 CCCS의 약식 절차와 큰 차이가 없게 되었다.

제3장 경쟁제한적 합의

싱가포르의 경쟁제한적 합의 규제를 보다 용이하게 이해하게 위하여, 이하에서는 우리나라에서의 경쟁제한적 합의의 규제에 대해서 먼저 간략히 살펴보고 이와 유사하거나 우리나라와 달리 독특한 싱가포르의 규제에 대해서 살펴보도록 한다.

제1절 우리나라의 경쟁제한적 합의 개요

우리나라 독점규제 및 공정거래에 관한 법률(이하 "공정거래법") 중에서 가장 활발하게 적용되고 되고 있는 조항이 바로 시장에서의 경쟁을 제한하는 합의를 금지하는 규정이다(법 제40조 제1항).

우리 공정거래법은 "사업자는 계약·협정·결의 또는 그 밖의 어떠한 방법으로도 다른 사업자와 공동으로 부당하게 경쟁을 제한하는 다음 각 호의 어느 하나에 해당하는 행위를 할 것을 합의하거나 다른 사업자로 하여금 이를 하도록 하여서는 아니된다"고 규정하고(법 제40조 제1항), 크게 10개의 유형으로 구체적인 행위를 규정하고 있다. 즉, (i) 가격 결정·유지·변경, (ii) 거래조건 결정, (iii) 생산·출고·수송 또는 거래제한, (iv) 거래지역 등 제한, (v) 설비 신설 등 제한, (vi) 상품의 종류·규격 제한, (vii) 영업의 주요 부문을 공동으로 수행하기 위한 회사설립, (viii) 입찰 담합, (ix) 다른 사업자의 사업활동을 방해, 제한, (x) 일정한 정보를 교환하는 행위이다. 다만, 이 중 (ix), (x)에 대해서는 이로 인하여 "일정한 거래분야에서 경쟁을 실질적으로 제한"할 것을 다른 행위 유형과 달리 명시하고 있는 차이가 있다.

우리나라의 경쟁제한적인 합의는 수직적 거래관계에 있는 사업자들 사이에서도 성립이 가능하지만 주로는 수평적 관계에 있는 사업자 간의 경쟁을 제한하는 유형이므로 통상 담합, 카르텔, 짬짜미 등 다양한 용어로 불리고 있다. 이하에서 보는 것처럼 싱가포르 법에서는 우리나라보다 조금 더 범위를 넓혀서 차별적인 조건의 부여나 불이익을 제공하는 행위, 특정한 의무를 강요하는 행위 등도 경쟁제한적 합의에 포함하고 있지만 우리나라에서는 이러한 행위의 경우 외형적으로는 합의의 형태를 가지고 있더라도 그 속성에 주목하여 일방행위, 즉 불공정거래 행위나 시장지배적 지위 남용행위의 관점에서 규제하는 입장을 취하고 있다.

정보교환 합의는 2021. 12. 30.자로 시행된 개정 공정거래법에 신설된 내용으로, 공정거래법 시행령(제44조 제2항)과 공정거래위원회의 "사업자간 정보교환이 개입된 부당한 공동행위 심사지침"(고시 제2021-33호)이 이와 관련하여 세부적인 규정과 지침을 두고 있다. 아울러, 앞서 살펴본 것처럼 정보교환 자체가 담합의 하나의 유형인 동시에, 나머지 유형의 담합을 위하여 필요한 정보를 주고받은 때에 담합이 있는 것으로 법률상 추정함으로써(법 제40조 제5항 제2호), 실제로는 그러한 담합이 존재하지 않는다거나 경쟁제한적인 합의가 아니라는 점에 대한 반증의 책임을 담합 혐의를 받고 있는 사업자가 부담한다.

한편 우리나라에서는 시장 점유율에 기반해서 무조건적인 담합 규제의 예외를 인정하지는 않고 있으나, 현실적으로는 합의 참여 사업자들의 합산 시장 점유율이 20% 이하인 경우에는 사실상 경쟁 제한성이 미미하다고 보고 사건화하지 않는 경우가 많다(공정거래위원회 공동행위 심사기준(예규 제390호) V. 2. 나. (3)).[6)

또 우리나라에서는 경쟁을 제한할 수 있는 공동행위에도 불구하고 해당 공동행위에 대해서 공정거래위원회의 인가가 있는 경우에는 예외적으로 허용되는데, 산업 합리화나 연구 기술 개발, 불황 극복, 산업구조 조정, 거래 조건 합리화, 중소기업 경쟁력 향상을 위한 합의로 그 사유를 제한하고 있다(법 제40조 제2항). 이런 합의들이 일정한 요건을 갖추어 공정거래위원회가 인가를 하면 예외적으로 허용되는데 실무상 사례가 매우 드물고, 인가를 받을 수 있는 요건을 충족하기가 쉽지가 않기 때문에, 공동행위 인가 조항은 상당히 오랜 기간 사실상 사문화되어 있는 상황이다.

제2절 싱가포르 경쟁법상 경쟁제한적 합의 개요

싱가포르에서는 기본적으로 싱가포르 내에서의 경쟁을 제한하거나 또 왜곡할 목적(object) 또는 효과(effect)를 가진 합의를 금지하고 있으며, 이에 대해서는 경쟁법 제34조 및 그와 관련된 지침이 상세한 내용을 규정하고 있다.

---

6) 규정상 이와 같은 소위 20% 안전지대는 경쟁제한성과 효율성 증대효과가 동시에 일어나는 소위 연성담합행위에 대해서 규정되어 있으나, 실무적으로는 경성담합행위에도 20% 안전지대를 적용하는 예가 상당히 있다.

즉, 가격이나 거래 조건을 결정하거나 또는 생산량, 시장, 기술개발 또는 투자를 제한하거나, 시장이나 공급을 배분하거나, 차별적 조건을 적용해서 경쟁상 불이익이나 의무를 강요하는 합의들을 비롯, 공급의무를 가지는 상대방의 수락을 조건으로 한 어떤 계약을 할 때, 그 속성상 또는 사업적인 효용에 비추어 해당 계약과 아무런 관련이 없는 계약을 하는 경우(이상 2004년 경쟁법 제34조에 규정)를 규정하고 있으며, 이는 단지 예시일 뿐이지 위와 같이 규정된 행위에 한정하여 경쟁제한적 합의로 규제되는 것은 아니다. 가령, 싱가포르 경쟁법 제34조에 관한 지침 2016(The CCCS Guidelines on the Section 34 Prohibition)은, 직간접적인 가격합의, 입찰담합, 시장배분과 생산 또는 투자의 제한 및 규제를 소위 경성담합행위(행위의 성질 그 자체로 경쟁제한성만을 가지는 것으로 이해되는 담합행위)의 일종으로 추가 언급하고 있다.

〈싱가포르경쟁법 제34조〉

34. Agreements, etc., preventing, restricting or distorting competition
(중략)
(2)
(a) directly or indirectly fix purchase or selling prices or any other trading conditions;
(b) limit or control production, markets, technical development or investment;
(c) share markets or sources of supply;
(d) apply dissimilar conditions to equivalent transactions with other trading parties, thereby placing them at a competitive disadvantage; or
(e) make the conclusion of contracts subject to acceptance by the other parties of supplementary obligations which, by their nature or according to commercial usage, have no connection with the subject of such contracts.
(중략)

이와 같이 경쟁을 제한하거나 금지하는 합의의 대상이 상당히 광범위한 동시에 관련된 합의 자체를 상당히 여러 분야에 걸쳐 구체적으로 특정하고 있는 한편, 싱가포르가 비교적 규모가 작은 개방형 경제구조라는 점을 감안하여, (i) 참여 사업자들의 대상 합의에 영향을 받는 관련시장에서의 합산 시장 점유율이 일정한 비율(경쟁사업자간 합의의 경우 합계 20%, 비경쟁사업자간 합의의 경우 합계 25%) 이하이거나, (ii) 합의 당사자들의 성격 즉 합의에 참여한 당사자들이 모두 중소기업인 경우에도 역시 일반적으로 유의미한 경쟁제한성을 가지지 않을 것으로 보고 금지 대상에서 제외하고 있다. 앞서 언급한 경성담합행위는 이와 같은 금지 대상의 적용 예외에 해당하지 않는다.

또 일정한 경우에 대해 싱가포르 경쟁법 제34조의 적용 예외로 두고 있는데(Third Schedule of Competition Act 2004), 이는 크게 (i) 사회 전체 관점에서의 경제상 효용을 가져다 주는 서비스 등 관련 합의(Services of general economic interest, etc.), (ii) 법률상 요건을 충족하기 위한 합의(Compliance with legal requirements), (iii) 싱가포르의 국제적 의무와의 충돌을 피하기 위한 합의(Avoidance of conflict with international obligations), (iv) 공공정책(Public Policy), (v) 타 경쟁법에 의하여 규제되는 상품이나 용역과 관련된 합의(Goods and services regulated by other competition law) 기타 (vi) 특별하게 규정된 행위(Specified activities)로 나누어 질 수 있다.7)

---

7) (a) the supply of ordinary letter and postcard services by a person licensed and regulated under the Postal Services Act 1999;

(b) the supply of piped potable water;

(c) the supply of wastewater management services, including the collection, treatment and disposal of wastewater;

(d) the supply of bus services by a licensed bus operator under the Bus Services Industry Act 2015;

(e) the supply of rail services by any person licensed and regulated under the Rapid Transit Systems Act 1995; and

그리고 CCCS의 권고에 따라, 산업부장관은 싱가포르 경쟁법 제41조의 조건을 충족할 가능성이 높은 (i) 생산 또는 유통의 향상에 기여하거나 (ii) 기술 또는 경제 발전에 기여하는 특정한 합의에 대해서 적용 면제를 하도록 명령할 수 있는데, 이를 소위 "일괄 면제(block exemption)"라고 한다. 그럼에도 불구하고 실제로 정해진 목적 달성에 필요하지 않은 조건을 추가로 부여하거나 관련 상품이나 용역 시장의 경쟁을 상당히 저해할 수 있는 합의는 이러한 일괄 면제 취급을 불허한다.

만일 사업자가 경쟁 제한적 합의를 한 혐의에 대해서 조사를 받고 있는데 본래 그 합의가 일괄 면제 대상이라면, 이 사실은 이를 주장하는 해당 사업자가 입증하여야 하는 책임을 부담한다.

그리고 사업자는 해당 합의가 경쟁법상 금지되는 것인지 아니면 일괄 면제에 해당되는지에 대해서 사전에 CCCS의 지침이나[8] 결정을[9] 신청할 수 있는데, 이러한 사전 심사 제도는 당사자들에게 예측 가능성을 부여하기 위한 제도라고 할 수 있다(싱가포르경쟁법 제43조, 제44조).

우선 해당 당사자는 CCCS에 체결하고자 하는 합의를 제출하고 지침을 구할 수 있는데(제43조 - Notification for guidance), 이 지침 신청에 대해서 CCCS는 해당 합의가 경쟁법 제34조를 위반할 가능성이 있는지 여부에 대해서 지침을 주되, 만일 적용 면제가 되지 않은 한 경쟁법을 위반할 가능성이 보다 높다고 본다면 해당 합의가 적용 면제

(f) cargo terminal operations carried out by a person licensed and regulated under the Maritime and Port Authority of Singapore Act 1996.

8) 지침(Guidance): 비공개이며, 추후 제3자 이의 제기시에 항변을 할 수 없음.

9) 결정(Decision): CCCS 홈페이지에 공개되며, 추후 제3자 이의 제기시에 항변을 할 수 있음.

대상이 되는지도 검토하여 지침을 준다. 지침의 신청일로부터 CCCS 가 서면으로 지침을 준 기간 사이에 해당 합의로 인한 법 위반에 대해서는 제재가 이루어지지 않는다. 법을 위반할 가능성이 없다고 지침을 받은 합의에 대해서는 지침의 입장을 변경할만한 사정이 추후 발생하거나 뒤늦게 발견되지 않는 이상 CCCS가 추가의 다른 조치를 취하지는 않는다(싱가포르 경쟁법 제45조).

다음으로 해당 당사자는 CCCS에 합의를 제출하여 결정을 구할 수도 있는데(제44조 - Notification for decision), 이 결정 신청에 대해서 CCCS는 해당 합의가 경쟁법 제34조를 위반하는지, 만일 위반하지 않았다면 그 사유가 적용 예외 규정으로 인한 것인지, 해당 합의가 면제되어서 그런 것인지, 또는 관련된 당사자들의 commitment(자발적 조치 약정)가 경쟁법 제60조A(2)에 따라 수용되어서 그런 것인지 등 그 사유를 밝히게 되어 있다. 결정을 구하는 경우에도 위 지침을 구하는 경우와 마찬가지로 신청과 결정시점 사이의 법 위반에 대해서는 제재가 이루어지지 않는다. 법을 위반하지 않는다는 결정을 받은 합의에 대해서도 위 지침의 경우와 마찬가지로 유사한 효과의 적용을 받는다(싱가포르 경쟁법 제46조).

제3절 경쟁제한적 합의의 제재

우리나라의 경우 담합에 있어서 경쟁을 제한하려는 의도가 사건의 쟁점으로 다투어지는 경우가 상당히 있으나 엄밀히 말하면 공정거래법과 같은 행정법규의 위반의 성립요건으로 고의나 과실이 요구되는 것은 아니다. 경쟁 제한적 합의가 인정되면 시정명령 및 위반행위 관련 매출액의 20% 이내 또는 정액 과징금의 경우 40억 원 이내의 금액 범위 내에서 과징금이 부과된다(공정거래법 제42조, 제43조). 아울러 경쟁제한적 합의의 위법성이 매우 중대한 경우로서 추가의 형사처벌이 필요한 경우에는 공정거래위원회의 고발에 따라 최종적으로는 3년 이하의 징역 또는 2억 원 이하의 벌금에 처해질 수 있다(공정거래법 제124조 제1항 제9호). 그리고 부당한 공동행위를 할 것을 약정하는 계약 등은 해당 사업자 간에는 그 효력을 무효로 한다(법 제40조 제4항).

한편 싱가포르에서는 경쟁제한적 합의의 경우, 우선 해당 합의로 인하여 발생한 경쟁제한성을 제거할 수 있는 조치에 대한 명령을 할 수 있는데, 여기에는 당사자로 하여금 합의를 수정하거나 종료하거나, CCCS가 이미 발생한 경쟁제한성을 줄이거나 없애기 위하여 필요하다고 판단하여 결정하거나 내용을 정한 계약을 체결하도록 하는 명령을 포함한다. 그리고 특히 해당 경쟁제한적 합의가 고의 또는 과실에 의해 이루어진 경우에는 3년 이내 매출액(해당 사업자의 위반행위 종료일의 직전 회계연도 매출액을 기준으로 산정)의 합계의 10% 이하의 과징금을 부과할 수 있다. 이 과징금 액수는, 합의의 경쟁제한성, 직전 회계연도 동안 싱가포르에서 해당 경쟁제한적 합의에 의하여 피해를 입은 관련 상품, 지역시장의 매출액, 피해 기간 기타 여러 요인을 감안하여 결정된다. 다만, 더 나아가 형사처벌을 하는 조항이나 제도는 마련되어 있지 않다.

제4절 경쟁제한적 합의 규제 사례: 2019년 호텔 업체 간 고객 정보 교환 행위(2019)[10]

카프리(Capri), 빌리지(Village), 크라운플라자(Crowne Plaza) 등 3개 호

---

10) https://www.cccs.gov.sg/media-and-consultation/newsroom/media-releases/hotel-pid-2-aug-18

텔이 상업적으로 민감한 고객의 개인 정보와 기업 고객에 대한 정보를 교환한 사건이다. Capri와 Village 호텔은 2014년 7월부터 2015년 6월까지, Capri와 Crowne Plaza 호텔은 2014년 1월부터 2015년 6월까지 싱가포르 소재의 호텔 객실제공과 관련된 기업고객에 대한 정보를 교환하였다. CCCS는 관련 호텔들이 이 정보 교환을 통해서 객실료를 호텔에게 유리하게 (즉, 고객들에게는 불리하게) 높게 책정하는 협상에 있어서 고객들보다 유리한 위치를 점하게 되었고, 실제로 이러한 정보교환이 시장에서의 호텔간 경쟁을 제한하는데 영향을 미쳤을 가능성이 높다고 보았다. 예를 들어, 호텔 관계자들은 특정한 고객과 대외비를 전제로 협상하여 합의에 이른 객실요금을 상호 공개, 교환하였고, 다음 계약연도에 적용할 객실료의 인상에 관한 정보나 고객의 요청에 따른 각자의 객실료 제안 금액과 같은 향후 요금 관련 전략, 나아가 객실료 협상 과정에서 특정한 고객이 요구하는 객실료 인하에 대해서 그들이 이를 수용할 의사가 있는지 여부를 함께 논의하기도 하였다. CCCS는 이러한 행위가 그 행위 속성상 반경쟁적이며, 시장 경쟁을 심각하게 훼손하였다는 판단을 하였다.

2018. 8. 2.자로 CCCS는 자진신고 사업자를 포함한 각 당사자들에게 법위반 결정안(Proposed Infringement Decision)을 송부하였고, 이에 대한 당사자들의 의견을 받은 뒤 2019. 1. 30.자 최종 결정에 의하여 당사자들에게 총 약 S$150만(원화 13억 원 상당)의 과징금을 부과하였다.

우리나라에서는 종래, 정보 교환 행위를 경쟁제한적인 합의의 존재에 대한 강력한 정황 증거로 취급하면서 경쟁제한적 합의가 성립하기 위해서는 여전히 이러한 정황증거만으로는 부족하고 사업자 간의 상호 의사 연락에 대한 명확한 입증이 필요하다는, 보다 엄격한 입장을 취하여 왔다. 그러나, 앞서 언급한 바와 같이 현행 공정거래법에서는 일정한 정보의 교환 합의로서 경쟁을 실질적으로 제한하는 경우 그 자체로 담합 행위가 인정되거나, 다른 유형의 담합을 하기 위해서 필요한 정보를 교환하고 그에 따른 행위의 외형상 일치가 나타나게 되면 담합이 법률상 추정되므로 이 부분에 대한 규제 가능성이 보다 높아졌다고 하겠다.

제4장 시장지배적 지위남용행위 금지

제1절 시장지배적 사업자

한국 공정거래법에서 시장지배적 사업자는 일정한 거래분야의 공급자나 수요자로서 단독으로 또는 다른 사업자와 함께 상품이나 용역의 가격·수량·품질 기타의 거래조건을 결정·유지 또는 변경할 수 있는 시장지위를 가진 사업자를 말한다.[11)]

공정거래법은 일정한 거래분야에서 i) 하나의 사업자의 시장점유율이 100분의 50 이상이거나, ii) 셋 이하의 사업자의 시장점유율의 합계가 100분의 75 이상인 경우(시장점유율이 100분의 10 미만인 사업자는 제외)에 해당하는 사업자는 시장지배적 사업자로 추정하고 있다. 다만 이 때 일정한 거래분야에서 연간 매출액 또는 구매액이 40억원 미만인 사업자는 제외된다. 법률상 추정이므로 점유율에도 불구하고 지배력이 없다거나 전제되는 점유율 산정 자체가 잘못되었다는 사실을 입증하여 추정을 복멸할 수 있다.

시장지배적 사업자인지에 대한 판단기준은 시장점유율, 진입장벽의 존재여부 및 정도, 경쟁사업자의 상대적 규모, 경쟁사업자간 공동

---

11) 공정거래법 제2조 제7호

행위의 가능성, 유사품 및 인접시장의 존재, 시장봉쇄력, 자금력 등을 종합적으로 고려하여 판단한다.

그에 비해 싱가포르 경쟁법에서 시장지배적 지위는 실질적인 시장지배력을 기준으로 판단한다. 실질적 시장지배력은 관련시장에서의 시장점유율, 진입장벽, 혁신의 정도, 제품의 차별화 정도, 구매자 수요의 가격탄력성, 경쟁자 수요의 가격탄력성 등을 고려하여 판단한다. 이 때 기존경쟁자와의 경쟁, 잠재적 경쟁자와의 경쟁, 구매력이 큰 고객의 존재, 경제적 규제의 존재 등도 고려한다.

다만 일반적으로 관련시장에서 시장점유율이 60% 이상이거나 완전경쟁시장에서의 가격 이상으로 가격을 설정하여 지속적 이윤을 창출하며 시장 내 충분한 경쟁이 없는 경우에는 시장지배적 지위를 가진다고 간주한다. 법률상 시장지배적 지위가 간주되므로 시장지배적 지위에 대한 부정이 불가하다.

제2절 시장지배적 지위 남용행위 유형

한국 공정거래법상 시장지배적 지위남용행위의 유형에는 ⅰ) 상품의 가격이나 용역의 대가를 부당하게 결정·유지 또는 변경하는 행위, ⅱ) 상품의 판매 또는 용역의 제공을 부당하게 조절하는 행위, ⅲ) 다른 사업자의 사업활동을 부당하게 방해하는 행위, ⅳ) 새로운 경쟁사업자의 참가를 부당하게 방해하는 행위, ⅴ) 부당하게 경쟁사업자를 배제하기 위하여 거래하거나 소비자의 이익을 현저히 해칠 우려가 있는 행위가 있다.

상품의 가격이나 용역의 대가를 부당하게 결정·유지 또는 변경하는 행위는, 정당한 이유 없이 가격을 수급의 변동이나 공급에 필요한 비용(같은 종류 또는 유사한 업종의 통상적인 수준의 것으로 한정한다)의 변동에 비하여 현저하게 상승시키거나 근소하게 하락시키는 행위를 말한다.

상품의 판매 또는 용역의 제공을 부당하게 조절하는 행위는, 정당한 이유 없이 최근의 추세에 비추어 상품 또는 용역의 공급량을 현저히 감소시키는 행위 또는 정당한 이유 없이 유통단계에서 공급부족이 있음에도 불구하고 상품 또는 용역의 공급량을 감소시키는 행위가 해당한다.

다른 사업자의 사업활동을 부당하게 방해하는 행위는, i) 직접 또는 간접으로 정당한 이유 없이 다른 사업자의 생산활동에 필요한 원재료 구매를 방해하는 행위, ii) 정상적인 관행에 비추어 과도한 경제상의 이익을 제공하거나 제공할 것을 약속하면서 다른 사업자의 사업활동에 필수적인 인력을 채용하는 행위, iii) 정당한 이유 없이 다른 사업자의 상품 또는 용역의 생산·공급·판매에 필수적인 요소의 사용 또는 접근을 거절·중단하거나 제한하는 행위, iv) 그 밖에 제1호부터 제3호까지의 방법 외의 다른 부당한 방법에 따른 행위를 하여 다른 사업자의 사업활동을 어렵게 하는 행위 등이 해당한다.

새로운 경쟁사업자의 참가를 부당하게 방해하는 행위는 직접 또는 간접으로 i) 정당한 이유 없이 거래하는 유통사업자와 배타적 거래계약을 체결하는 행위, ii) 정당한 이유 없이 기존 사업자의 계속적인 사업활동에 필요한 권리 등을 매입하는 행위, iii) 정당한 이유 없이 새로운 경쟁사업자의 상품 또는 용역의 생산·공급·판매에 필수적인 요소의 사용 또는 접근을 거절하거나 제한하는 행위, iv) 그 밖에 제1호부터 제3호까지의 방법 외의 다른 부당한 방법에 따른 행위를 하여 새로운 경쟁사업자의 신규진입을 어렵게 하는 행위가 그에 해당한다.

부당하게 경쟁사업자를 배제하기 위하여 거래하는 행위는, 부당하게 통상거래가격에 비하여 낮은 가격으로 공급하거나 높은 가격으로 구입하여 경쟁사업자를 배제시킬 우려가 있는 행위 또는 부당하게 거래상대방이 경쟁사업자와 거래하지 않을 것을 조건으로 그 거래상 대방과 거래하는 행위를 말한다.

이에 비해 싱가포르 경쟁법에서 금지되는 시장지배적 지위남용행 위 유형은 경쟁자에 대한 약탈적 행위, 생산, 시장 또는 기술 개발을 제한하여 소비자에게 손해를 끼치는 행위, 다른 거래 당사자와의 동 일한 성격의 거래임에도 차별적 조건을 적용해 경쟁상 불이익을 주 는 행위, 성격상 또는 상업적 효용상 당해 계약과 직접 관련 없는 의 무를 사업자에게 강요하는 행위가 있다.

경쟁자에 대한 약탈적 행위가 정당화되어 합법적이 되는 경우가 있는데, ⅰ) 미끼 상품과 같이 다른 상품의 판매를 증가시키기 위해 상품의 가격을 인하한 경우, ⅱ) 일시적 판촉행사와 같이 신상품 출 시 등으로 한정된 기간 동안 평균가변비용 이하로 판매하는 경우, ⅲ) 사업자가 예상하지 못한 수요 감소에 대응하여 수요가 수익적 수 준으로 회복될 경우에 대비하여 시장에서 살아남기 위해 가격을 인 하함으로써 단기 손해를 발생시킨 경우가 정당한 사유가 있는 약탈 적 행위에 해당한다.

참고로 싱가포르는 가격 남용에 대하여 불개입이 원칙이다. 따라서 가격남용으로 문제가 되었던 사건에 대하여도 개입을 하지 않는다.

제3절 예외적 허용

한국 공정거래법에서 시장지배적 지위남용행위를 예외적으로 허 용하는 규정은 없다.

이에 비해 싱가포르 경쟁법은 시장지배적 지위 남용행위 금지에 해당하더라도 일정한 요건을 충족하는 경우에는 예외적으로 행위가 허용된다.

일정한 요건은 ⅰ) 사업자가 사회 전체적으로 경제적 이익을 창출하거나 수익을 창출하는 독점적 사업을 운영하고 있어 행위를 금지하게 되면 사업자의 수익이 감소하는 경우, ⅱ) 법률상 요건을 충족하기 위한 경우, ⅲ) 싱가포르의 국제적 의무에 부합하기 위한 경우와 산업부 장관의 명령에 의한 경우, ⅳ) 공공 정책의 예외적인 사유에 부합하기 위한 경우, ⅴ) 다른 법률에 의거한 상이한 규제에 의한 경우, ⅵ) 우편서비스, 수돗물 공급 서비스, 폐수 수집 및 처리를 포함한 폐수관리서비스, 대중교통위원회법에 따라 허가 및 규제를 받는 자의 시내버스서비스, 고속철도시스템법에 따라 허가 및 규제를 받는 자의 철도서비스, 해양항만청법에 따라 허가 및 규제를 받는 자의 화물터미널사업 등과 관련된 행위의 경우, ⅶ) 은행법 하의 자동결제시스템과 관련되거나 싱가포르 정산소 협회의 활동과 관련된 합의의 경우, ⅷ) 기업결합의 시행과 직접적 관련이 있거나 기업결합의 시행에 필수적인 경우, ⅸ) 기업결합으로 이어질 수 있는 경우가 그에 해당한다.

제4절 사전심사

한국 공정거래법에서 시장지배적 지위남용행위 위반과 관련한 사전심사 제도는 존재하지 않는다. 다만 공정거래법 위반행위 일반에 대한 사전심사 제도가 존재하긴 하나 이는 사문화되어 활용례를 찾아 볼 수 없다.

그에 비해 싱가포르 경쟁법은 사업자가 경쟁법 제47조의 시장지배적 지위남용행위에 저촉되는지 여부에 대하여 CCCS에 사전심사를 통해 지침이나 결정을 신청할 수 있다.

사전심사 신청 당사자는 특정행위를 CCCS에 통지하면서 해당 행위가 시장지배적 지위남용행위 금지 규정인 경쟁법 제47조에 저촉되는지 여부에 대한 지침을 신청할 수 있고, CCCS는 관련 지침을 제공할 수 있다.

CCCS가 시장지배적 지위남용행위 금지 위반이 아니라는 지침을 제공하는 경우, 해당 위반과 관련하여 어떠한 시정조치나 처벌이 추가적으로 부과되지 않는다. 그러나 예외적으로 ⅰ) CCCS가 지침을 제공한 이후에 상황에 중대한 변화가 있다고 보는 것이 합리적인 경우, ⅱ) CCCS 지침의 근거가 되는 사실의 중요한 부분이 거짓이거나 불완전하거나 오인을 일으킨다고 보는 것이 합리적인 경우, ⅲ) 행위에 대해 CCCS에 이의가 제기된 경우, ⅳ) 제3자가 합의에 대해 CCCS에 이의를 제기한 경우 등에는 시장지배적 지위남용행위 금지 위반을 이유로 추가 조치를 할 수 있다.

CCCS는 위 예외적인 추가조치를 할 수 있는 경우에 해당하거나, 합의가 경쟁법 제47조의 시장지배적 지위남용행위 금지에 위반된다고 판단하는 경우에는 지침을 통지한 이후라 하더라도 서면으로 취소할 수 있다.

한편 사전심사 신청 당사자는 특정행위를 CCCS에 통지하면서 결정을 신청할 수도 있다. CCCS는 신청된 특정행위가 경쟁법 제47의 시장지배적 지위남용행위 금지에 저촉되는지 여부를 결정할 수 있고, 만약 법에 저촉되지 않는다고 결정하는 경우에는 예외적 허용에 해당하는지, 약정의 결과인지에 대하여 결정을 내릴 수 있다.

참고로 CCCS가 사전심사 결정 또는 조사 착수 전에, CCCS가 적합하다고 보는 자가 시장지배적 지위 남용행위로 인하여 경쟁이 저해되는 것을 방지 또는 완화하는 조치를 취하겠다는 약정을 수락할 수 있다.

CCCS가 특정행위에 대한 결정을 하는 경우 경쟁법 제47조의 시장지배적 지위남용행위 금지와 관련한 어떠한 시정조치나 처벌이 추가적으로 부과되지 않는다.

다만 CCCS가 결정을 제공한 이후 상황에 중대한 변화가 있다고 보는 것이 합리적인 경우 또는 CCCS 결정의 근거가 되는 사실의 중요한 부분이 거짓이거나 불완전하거나 오인을 일으킨다고 보는 것이 합리적인 경우에는 시장지배적 지위남용행위 금지 규정 위반을 이유로 추가 조치를 할 수 있다.

CCCS는 위 추가조치를 할 수 있는 경우에 해당하거나 합의가 시장지배적지위남용행위 금지 규정에 대한 위반이라고 판단하는 경우에는 결정을 통지한 이후라도 서면으로 취소할 수 있다.

제5절 위반시 제재

한국 공정거래법에서 시장지배적 지위남용행위 금지 규정을 위반하는 경우에는 행정제재로 시정조치, 과징금 부과를 할 수 있다.

시정조치는 가격의 인하, 해당 행위의 중지, 시정명령을 받은 사실의 공표 등을 할 수 있고, 과징금은 위반기간동안 법위반행위와 관련된 매출액에 100분의 6을 곱한 금액을 초과하지 아니하는 범위에서 부과할 수 있다. 다만, 매출액이 없거나 매출액의 산정이 곤란한 경우에는 20억원을 초과하지 아니하는 범위에서 정액과징금을 부과한다.

부과 과징금은 위반행위 내용 및 정도, 위반행위의 기간 및 횟수, 위반행위로 취득한 이익의 규모 등을 고려하여 결정한다.

시장지배적 지위남용행위 금지 위반이 중대하고 명백하면서 경쟁질서를 현저히 해한다고 보는 경우에는 형사 고발도 가능하다. 이경우 죄가 인정되면 3년 이하의 징역 또는 2억원 이하의 벌금이 부과된다.

또한 시장지배적 지위남용금지 규정 위반으로 피해를 입은 자가 있는 경우에는 법위반 사업자에게 손해배상책임을 물을 수 있다. 이는 불법행위로 인한 손해배상책임의 일종으로 민사소송절차에 의하게 된다.

이에 비해 싱가포르 경쟁법에서 시장지배적 지위남용행위 금지 규정을 위반하면 행정제재로서 과징금이 원칙적으로 부과된다. 과징금은 위반행위가 종료된 날의 직전 회계연도의 매출액을 기준으로 산정되고, 부과한도는 최근 3년 이내 매출액 합계 10% 이하가 그에 해당한다. 행위의 경쟁제한성 정도, 싱가포르에서 직전 회계연도 동안 위반행위로 피해를 입은 관련 상품·지역시장의 매출액, 시장 지배적 지위 남용행위로 인해 피해를 입은 기간, 기타 과징금 가중 또는 감액 요인 등을 고려하여 결정하게 된다.

시장지배적 지위남용행위로 직접 피해를 입은 자는 법위반 사업자에게 손해배상을 청구할 수 있다. 제소기간은 CCCS가 시장지배적 지위남용행위 금지 위반을 확인한 후 불복기간이 도과한 때로부터 2년 이내이다.

한국이 위반행위에 대하여 시정조치, 과징금 납부명령, 형사고발 등이 가능한데 비해 싱가포르는 과징금 부과만 가능한 것으로 볼 때 제재 수준 및 정도에서 차이가 있음을 확인할 수 있다.

제6절 대표적 사례-APBS의 시장지배적 지위남용행위

APBS는 Tiger Beer, 하이네켄, ABC Extra Stout 등 다양한 브랜드를 보유하고 있는 맥주시장의 지배적 사업자이다. 그런데 소매업체들에게 생맥주를 공급하면서 다른 브랜드의 생맥주는 판매하지 않도록 하는 배타적 계약을 체결하였다.

이에 대하여 CCCS는 2012년부터 사건에 착수하여 조사를 진행하였고 APBS의 시장지배적 지위남용행위 금지 위반을 적발하였다.

APBS는 2015년 소매업체에게 생맥주 공급시 다른 브랜드의 생맥주를 판매하지 못하게 강요하는 행위를 중단하겠다고 CCCS에 약정을 하였고, CCCS는 사건에 대한 조사를 종료하였다.

CCCS의 조사로 인해 APBS의 거래상대방에 대한 배타적 거래가 중단됨에 따라 소비자의 선택권이 보장된 것은 물론, 신규 사업자의 시장진입을 용이하게 한 것으로 평가된다.

CCCS는 향후 APBS가 약정을 준수하는지 및 시장에서 경쟁제한적 행위를 하는지에 등에 대하여 지속적을 감시를 하겠다고 한 바 있다.

제5장 경쟁 제한적 기업 결합 규제

제1절 우리나라 기업결합 규제 개요

우리나라에서의 주식는 취득,[12] 임원 겸임,[13] 합병, 영업양수도,[14] 회사의 신설 등 몇 가지 거래의 유형에 따라 공정거래법 정한 요건을 충족하면 신고 의무를 부과하고 신고된 거래 위주로 경쟁 제한성을

---

12) 의결권 있는 발행주식 기준으로 상장회사의 경우 15%, 비상장회사의 경우 20% 이상(단, 외국회사의 경우 해당국가에서의 상장여부와 무관하게 20%)을 취득하거나 해당회사의 20% 이상 최대주주가 되는 경우.

13) 대규모 회사(자산총액 또는 매출액의 규모가 2조원 이상)가 자신의 임원 또는 종업원을 다른 회사 임원으로 겸임시키는 경우로 제한.

14) 다른 회사의 영업의 전부 또는 주요부분의 양수·임차 또는 경영의 수임이나 영업용 고정자산의 전부 또는 주요부분의 양수. 이때 "주요부분"은 독립된 사업단위로 영위될 수 있는 형태이거나 양수 또는 임차시 양도회사 매출에 상당한 감소를 초래하는 경우로서, 양수금액이 양도회사 직전 사업연도 종료일 현재 재무제표상 자산총액의 10% 이상이나 50억원 이상인 경우.

심사해서 판단하고 있다. 종래 기업결합 신고 요건은 당사회사의 직전 사업연도 말 기준 매출액 또는 자산총액이 각각 3,000억원 및 300억원을 넘는 경우일[15] 것을 요구하였으나, 2021. 12. 30.자로 시행된 개정 공정거래법에서는 이러한 당사자 규모 요건이 충족되지 않는 경우라고 할지라도 거래금액이 6,000억원 이상으로 피취득회사가 우리나라 시장에서 상당한 수준으로 활동을 하는 경우에는 신고대상으로 삼는, 소위 "거래금액 기준"을 새로이 도입하였다(공정거래법 제11조 제2항, 동법 시행령 제19조).

한편, 일정한 기업결합, 예를 들면 특수관계인만 참여하는 회사 설립이나 분할의 경우에는 신고의무를 면제하고 있고, 기업결합의 성격에 따라 효율성 증대 효과가 경쟁제한으로 인한 폐해보다 큰 경우 또는 피취득회사가 회생이 불가한 회사인 경우에는 경쟁제한성이 우려되는 경우라도 예외적으로 기업 결합을 허용하고 있다.

제2절 싱가포르의 기업결합 규제

싱가포르 경쟁법은[16] 다음과 같이 기업 결합 유형을 정하고 있는데, 우리나라처럼 거래의 구체적인 형태보다는 그로 인하여 초래되는 결과인 실질적 지배권(control)의 변경이나 이와 관련된 시장에서의 활동 주체 변경에 초점을 맞추어 규정한다고 볼 수 있다.

---

15) 당사회사 쌍방 모두가 외국회사이거나, 취득회사가 국내회사 피취득회사가 외국회사인 경우에는 당사회사 각각 국내 매출액 300억원 이상이라는 조건을 충족시켜야 함.

16) 제54조에서 제60조. 기업결합 신고 및 검토, 조사 절차에 대해서는 CCCS Guidelines on Merger Procedures 2012에서 상세한 내용을 두고 있음.

기 업 결 합 유 형	① 서로 **독립된 2개 이상**의 기업들이 합병하는 경우 ② 1명 이상의 사업자 또는 기업들이 1개 이상의 기업들의 전체 또는 일부에 대한 **직간접적인 지배권을 취득**하는 경우 ③ 어떤 기업이 다른 기업의 자산(영업권 포함) 또는 자산의 상당한 부분을 인수한 결과 인수 기업이 피인수 기업이 영위하던 관련 사업 또는 **사업의 일부에 있어서 이를 대체**할 수 있거나 상당부분 대체할 수 있게 하는 경우 ※ 참고로, 합작법인(joint venture)의 설립의 경우, 한시적이 아닌 영구적인 존속(on a lasting basis)을 전제로, 독립된 (autonomous) 경제활동 주체(economic entity)로서 모든 기능을 갖춘(all the functions) 법인의 설립의 경우에 위 유형 중 ②에 해당한다고 본다.

이러한 기업 결합의 결과 싱가포르 시장 내에서 경쟁을 상당히 감소시키는 것(a substantial lessening of competition "SLC")으로 판단되면 해당 기업 결합은 금지하되(다만 회생불가 회사와의[17] 결합 또는 공익적 사유(싱가포르 경쟁법 제57조 제3항)는 심사시에 고려함), 다만 여기에는 예외가 인정된다. 법률에 따라서 산업부나 규제당국(금융당국 포함)으로부터 승인을 받은 기업 결합, 경쟁법 또는 관련 지침에 따라서 규제당국의 관할 하에 이루어지는 기업 결합, 기타 공공 사업과 관련된 우편 사업·수도·폐수 처리·인가된 버스/철도/화물터미널 운영 서비스 제공 사업과 관련된 기업 결합의 경우에는 경쟁 제한성이 다소 인정되더라도 예외적으로 허용된다고 규정하고 있다.

---

17) 회생불가회사 항변은, (i) 해당 회사 및 회사의 자산이 가까운 미래에 시장에서 퇴출될 수 있어서 기업결합이 절실한 상황이고, (ii) 해당 회사는 가까운 미래에 금전적 채무를 변제할 능력이 없고 기업재구조화에 큰 문제가 없으며, (iii) 제안하는 기업결합보다 경쟁제한성이 덜한 대안이 없을 것을 요건으로 함.

우리나라와 달리 싱가포르에서는 특정한 신고 요건을 충족하는지를 따져서 당사자들이 기업 결합을 신고할 의무를 부담하고 있지는 않고, 당사자들이 자발적으로 법에 따른 금지 규정(제54조)에 위반되는지 여부에 대해 당국에 통지를 함으로써 결정을 구하는 구조이다.

이러한 기업 결합 검토 신청이 이루어지면 CCCS에서 제1단계 심사를 진행하여 경쟁 제한성 우려가 없을 경우 기업 결합을 허용하고, 만약 약간의 우려가 있는데 이 우려를 해결하기 위해서 신청인들이 자발적으로 어떠한 약정을 이행하겠다는 제안을 해서 그것이 수용 가능하면 그 약정을 조건으로 역시 기업 결합을 승인하기도 한다. 이 두 가지 경우에 해당되지 않고 해당 기업결합에 상당한 경쟁 제한성이 우려되는 경우에는 제2단계 심사로 넘어가면서 경쟁당국이 당사회사들에게 예비 심사서를 보내고 당사회사들이 이에 대한 답변서를 제출하면서 경쟁제한성 여부에 대한 본격적인 조사를 진행하게 된다.

CCCS도 기업결합의 경쟁제한성 심사에 있어서 먼저 관련 시장을 획정하고, 해당 시장에서의 당사회사들의 시장점유율과 집중도를 파악한 뒤, 비협조효과(non-coordinated effect, 단독효과)와 협조효과(coordinated effect)가 있는지, 시장에의 경쟁유입에 대한 진입장벽이 있거나 시장이 확산, 팽창 중인 상황인지와 거래상대방의 협상력 여하와 기타 효율성 증대효과 등을 따져 보게 된다.

경쟁사업자간의 '수평결합'의 경우 결합당사회사의 합산 시장점유율이 40% 이상인 경우 또는 시장점유율이 20% 이상 40% 이하이면서 기업결합 후 상위 3개 사업자의 시장점유율 합계가 70% 이상인 경우에는 경쟁제한의 우려가 발생할 수 있는 상황으로 보고, 더 나아가 앞서 살펴본 경쟁제한적인 효과와 진입장벽 등 여러 관련 요건들을 따져 보게 된다.

'수직결합'은 상·하방으로 서로 다른 공급 단계에 위치한 회사들 간의 결합으로, 수평결합과는 조금 다르게 주로 시장봉쇄효과(market foreclosure)나 잠재적인 담합 촉진 효과(increased potential for collusion) 여부를 주로 살펴본다. 다만, 현대의 회사들이 반드시 하나의 단계에서만 사업을 영위하는 것이 아니라, 연관된 상·하방 시장에서의 사업을 동시에 영위하는 경우가 자주 있으므로, 주된 측면은 수직결합이더라도 수평결합적 요소 역시 있는 경우에는 이 두 가지 측면에서 각각 해당 기업결합을 검토하게 된다.

마지막으로 '혼합결합'이 있는데, 이는 기본적으로 수평결합이나 수직결합과 달리, 아예 다른 상품이나 용역시장에서 활동하는 사업자간의 결합을 광범위하게 지칭한다. 다만, 당사회사간 사업이 전혀 무관할 수도 있으나, 인접한 연관 사업인 경우도 상당히 있다. 따라서 혼합결합은 원칙적으로는 그 자체로 경쟁제한성을 발생시키지 않는다고 보지만, 간혹 수평결합이나 수직결합의 관점에서 검토가 필요한 경우가 있고, 특정 사업자의 사업 범위가 확장됨으로써 예상치 못한 반경쟁적 행위나 사업정책을 촉진시키는 효과가 있을 수 있으므로(포트폴리오 효과) 상당히 신중한 접근이 필요한 유형이다.

CCCS는 각 기업결합과 관련하여 이러한 면에 대한 검토와 조사 절차를 거치면서 비록 예외적이기는 하지만 검토 단계에서 우려했던 경쟁제한성이 결과적으로는 문제가 되지 않는다고 보아 허용으로 최종 결정을 내릴 수도 있고, 전면적으로 불허 즉 금지를 하거나 일정한 경쟁 제한성 해소를 위한 조치를 부과할 수도 있다.

제3절 경쟁 제한적 기업 결합에 대한 제재

싱가포르에는 기업 결합을 불허하거나 적정한 시정 조치를 부과하는 것 이외에, 해당 경쟁제한적인 기업결합이 고의 또는 과실에 의하여 이루어진 경우 매출액의 10% 이내 또는 최대 3년 이내의 기간 동안 산정된 금액 등을 기준으로 한 과징금을 부과할 수 있다.

우리나라도 기업결합의 금지를 비롯해서 다양한 경쟁제한성 해소를 위한 조치로서 시정명령을 부과할 수 있고 또 시정조치의 이행이 지연될 경우 매 1일당 거래금액 0.03% 이내에 이행 강제금을 부과하도록 되어 있다. 또한, 우리나라는 싱가포르와 달리 자발적 신고 체제가 아니라 당사회사들이 법적인 신고 의무를 부담하는 체제이기 때문에 신고 의무 자체를 위반하면(지연신고, 미신고, 허위신고 등) 별도의 과태료가 부과된다.

제4절 경쟁제한적 기업 결합 검토 사례 소개: 그랩(Grab)과 우버(Uber)의 기업결합 사건(2018)[18]

차량 호출 서비스 플랫폼을 제공하는 사업자인 우버(Uber)가 그랩(Grab) 주식의 27.5% 취득하면서 동시에 이사 1인 선임권을 확보하기로 한 거래로서, 해당 기업결합시 싱가포르 차량 호출 서비스 시장의 80~90% 및 개인 고용 차량 임대 시장의 50~60%의 합산 점유율이 예상되었다.

CCCS의 검토 결과, 위와 같은 높은 시장점유율로부터 예상되는 경쟁 제한성이나 가격 인상 가능성 등의 우려가 인정되는 반면, 이를 능가할 효율성 증대 효과는 입증되지 않았으므로 경쟁법 제54조를 위반한 기업결합이라고 판단하여 2018. 9. 24.자로 내린 위반 결정(Infringement Decision)에 따라, Uber와 Grab에 대해 다음과 같이 경쟁법

---

18) https://www.cccs.gov.sg/media-and-consultation/newsroom/media-releases/grab-uber-id-24-sept-18

위반에 따른 여러 가지 우려를 해소할 수 있는 행태적 시정 조치와
과징금(Uber S$6,582,055, Grab S$6,419,647)을 부과한 사례이다.[19]

시정조치(Direction)

a. Grab의 운전자들이 어떤 ride-hailing platform이든지 자유롭게 사
   용하고 반드시 Grab만을 사용하도록 요구되지 않을 것.
b. Grab의 Singapore 내의 모든 taxi fleet과 체결한 배타적 약정을 제
   거하여 운전자들과 라이더들의 선택 범위를 넓힐 것
c. Grab의 기업결합 전 가격책정 알고리듬과 운전자 commission 요
   율을 유지할 것.
d. Uber로 하여금 Lion City Rentals의 차량을 적정시장가격으로 매입
   할 잠재적 경쟁사업자에게 매각하도록 하고, CCCS의 사전 승인
   이 없이는 이를 Grab에 매각하지 하지 못하도록 할 것

a. Ensuring Grab drivers are free to use any ride-hailing platform and
are not required to use Grab exclusively.
b. Removing Grab's exclusivity arrangements with any taxi fleet in
Singapore so as to increase choices for drivers and riders.
c. Maintaining Grab's pre-merger pricing algorithm and driver com-
mission rates.
d. Requiring Uber to sell the vehicles of Lion City Rentals to any
potential competitor who makes a reasonable offer based on fair market
value, and preventing Uber from selling these vehicles to Grab without
CCCS's prior approval.

---

19) Grab은 이러한 시정명령과 과징금 납부명령을 수용한 반면, 우버는 CCCS 결
   정에 불복하여 이를 Competition Appeal Board(CAB)에 항소하였으며, 2020. 12.
   29.자로 CAB가 Uber의 항소를 기각함으로써 사건은 종결되었다. (https://www.
   cccs.gov.sg/media-and-consultation/newsroom/media-releases/cab-upholds-cccs-id-
   against-uber-for-anticompetitive-merger-with-grab)

전세계적으로 플랫폼 사업자 간의 기업 결합에 대한 관심도가 많이 높아지고 있는데, 우리나라에서의 비근한 사례로 딜리버리 히어로(요기요)의 배달의민족 인수 건을 들 수 있다. 이 사건도 P2P, P2B, P2C 측면에서 모두 경쟁제한성의 우려가 있는 배달앱(플랫폼 비즈니스)의 결합이라는 측면에서 공정거래위원회에서 상당한 시간을 들여 심도 있는 검토를 진행을 했고, 그 결과 당사회사들이 배달앱의 수평적 결합의 측면에서 압도적 시장 1위 사업자가 됨으로써 경쟁제한성이 추정되는 반면, 이러한 경쟁제한성을 해소할 방법이 충분하지 않다는 결론을 내렸다.

그 결과 기업결합의 전면 불허가 아니라 기업 결합을 통한 동반 상승 효과를 달성할 수 있도록 하기 위해서, 결합 자체는 승인하지만 구조적 조치로서 요기요는 별도로 매각하기로 하고[20] 여기에 행태적 시정조치로서 요기요의 제3자에 대한 매각 시점까지 요기요의 경쟁력과 매각대상자산의 가치를 하락시키지 않도록 하기 위한 여러 가지 조치 즉, 양 배달앱을 분리 운영하고 각종 거래 조건을 현재와 같이 유지하도록 하는 조치 등을 부과하면서 사건이 마무리되었던 사례이다.

이와 같이 싱가포르와 우리나라의 제도를 비교해보면, 기업 결합과 관련된 심사의 기준이나 경쟁제한성을 해소하기 위한 조치를 취하는 입장은 상호 유사하다고 볼 수 있다.

---

20) 공정거래위원회는 딜리버리히어로의 요기요 매각시한(2021. 8. 2.)까지 매각이 완료되기 어려운 불가피한 사정을 감안하여 매각기한을 5개월 연장(2022. 1. 2.)하기로 결정하였고, 2021. 10. 29.자로 GS리테일과 사모펀드인 어피너티에쿼티파트너스, 퍼미라 컨소시엄에 매각되었음.

ESG

지속 가능성을 위한 자금조달을 위한 싱가포르의 진화하는 규제 환경

Kim & Chang

[번역] 신석훈 · 김유라
[번역 감수] 김혜성

Ⅰ. 서론

싱가포르 통화청(Monetary Authority of Singapore, 이하 "MAS")의 상무이사(Managing Director)인 라비 메논(Ravi Menon)은 2021년 9월 연설에서 녹색 금융(green finance)이 지속 가능한 미래로의 전환을 위한 핵심 요소라고 밝혔습니다. 산업이 만들어야 할 근본적인 변화를 지원하기 위해서는 상당한 자금조달과 투자가 필요하며, 금융 섹터는 전환 활동에 대한 자금조달과 친환경 프로젝트 및 기술에 대한 자본 투입을 통하여 이러한 변화를 촉진할 수 있습니다. 그러나, 녹색 금융(green financing)이 유효한 규모에 도달하기 위해서는 데이터(data), 정의(definition), 공개(disclosure) 등 3가지 D가 "해결"되어야 했습니다.

(a) 데이터의 품질, 가용성 및 비교가능성의 개선,
(b) 녹색 및 전환 활동을 위한 호환가능한 정의 또는 택소노미(taxanomies)의 개발, 그리고
(c) 공시 및 보고에 관한 일관성 있는 글로벌 기준의 시행.[1]

싱가포르는 항상 지속 가능한 발전이라는 개념을 옹호해왔습니다. 지속 가능한 발전에 대한 싱가포르의 국가 의제를 발전시키기 위한 싱가포르 정부의 *싱가포르 그린 플랜 2030*(Singapore Green Plan 2030)의 핵심 프로그램 중 하나는 기업이 기후 변화에 대처하는 역량을 수용하고 개발하며, 성장과 일자리 창출의 경쟁력과 기회를 얻을 수 있도록

---

[1] "녹색 금융이 실효성을 거둘 수 있도록 하기 위해 해야 할 일(What We Need to Do to Make Green Finance Work)" - 2021년 9월 8일 Financial Times Investing for Good Asia Digital Conference에서 싱가포르 통화청의 상무이사인 라비 메논의 기조 연설 https://www.mas.gov.sg/news/speeches/2021/what-we-need-to-to-make-green-finance-work

지원하고, 기업의 온실가스 감축을 돕는 프로젝트를 지원하며, 연구
개발을 통해 세계를 위한 새로운 지속 가능성 솔루션을 개발하기 위
해 국내에서 창출되는 혁신을 장려하고 싱가포르로 기업을 유치하는
등 "녹색 경제"를 촉진하는 것입니다.[2] 싱가포르는 저지대에 인구 밀
도가 높으며 고도로 도시화된 섬 국가로서 기본적인 필요를 충족하
기 위해 다른 나라들에 의존하고 있으며 기후 비상사태를 비롯하여
세계가 직면하고 있는 지구 환경 위기에 취약합니다.[3] 따라서, 국제
금융 허브로서의 지위를 이용하여 싱가포르는 물론 아시아 전역에서
지속 가능성을 실현할 수 있도록 노력하기 위한 자금조달을 확대하
는 데 큰 역할을 하기 위해 금융기관들과 협력하는 것은 싱가포르의
이해관계에 상당히 부합합니다.

  이 장에서는 3가지 D를 '해결'하기 위해 싱가포르에서 취한 몇 가
지 규제 조치를 고려하고자 합니다. 다음 섹션에서는 녹색 금융을 촉
진하기 위해 현재 시행 중인 정책을 중점적으로 살펴보겠습니다. 그
다음에는 싱가포르 증권거래소(이하 "SGX") 상장 발행회사들에 대한
지속 가능성 보고 요건 및 환경, 사회 및 거버넌스(이하 "ESG") 소매
펀드에 대한 공시 요건(안), 금융기관의 환경 정보 및 환경 리스크 관
리 공시 요건, 국제적으로 인정된 원칙 및 기준에 부합하거나 이를
넘어서는 지속 가능한 자금조달의 활용을 장려하기 위한 인센티브
등 현재까지 시행되고 있는 규제 및 유사 조치에 대한 소개가 이어집
니다. 이 장은 싱가포르에 기반을 둔 금융기관을 위한 그린 택소노미

---

2) *싱가포르 그린 플랜 2030 (Singapore Green Plan 2030)* (2021년) <https://www.green-plan.gov.sg/key-focus-areas/overview>.

3) Rei Kurohi, "싱가포르 의회 기후 변화에 대한 글로벌 비상사태를 선언함 (Singapore Parliament Declares Climate Change a Global Emergency)" *Straits Times* (2021년 2월 1일) <https://www.straitstimes.com/singapore/politics/singapore-parliament-declares-climate-change-a-global-emergency>

와 아세안 지속 가능 금융 택소노미(ASEAN sustainable finance taxonomy) 개발의 진행상황에 대한 최신 현황과 결론으로 마무리됩니다.

II. 정책 및 프레임워크

1. MAS 녹색 금융 실행 계획

MAS의 녹색 금융 실행 계획은 싱가포르를 아시아 및 전세계 녹색 금융의 선도적 중심지로 만들기 위해 2019년에 발표되었습니다.[4] 이 계획은 4가지 전략적 추진과제(strategic thrust)로 구성됩니다.

(1) 환경 리스크에 대한 금융 회복력(resilience) 강화

2020년 MAS는 금융기관들의 환경 리스크 관리에 대한 감독 지침을 발표했습니다. 2022년부터 은행, 보험사 및 자산운용사는 환경 리스크를 평가, 모니터링, 경감 및 공개하기 위해 이러한 지침을 이행할 것으로 기대됩니다. 금융기관들은 내년부터 다양한 기후 시나리오에서 스트레스 테스트(stress test)도 받게 됩니다.

(2) 지속 가능한 경제를 위한 시장 및 솔루션 개발

MAS는 2017년에 지속 가능 채권 보조금 제도(Sustainable Bond Grant Scheme)를, 2020년에는 녹색 및 지속 가능 연계 대출 보조금 제도(Green and Sustainability-Linked Loan Grant Scheme)를 도입하여 독립적인 외부 검토(independent external review)를 받는데 드는 추가 비용을 보조함으로써

---

4) 싱가포르 통화청, "녹색 금융 실행 계획(Green Finance Action Plan)" <https://www.mas.gov.sg/-/media/MAS/News/Media-Releases/2020/MAS-Green-Finance-Action-Plan.pdf.>. 이는 싱가포르 그린플랜 2030의 비전 중 하나이기도 합니다.

녹색 및 지속 가능 채권 및 대출의 사용을 촉진하였습니다. 후자의
제도를 통해 차주에게 간소화된 절차와 표준화된 기준을 제공하는
지속 가능 자금조달 프레임워크를 개발하는 비용도 보조하고 있습니
다. MAS는 또한 2018년에 싱가포르에서 보험연계증권(Insurance-Linked
Securities)의 발행을 장려하고 싱가포르를 아시아 최고의 보험연계증
권 허브로 발전시키기 위해 보험연계증권 보조금 제도를 시작하였습
니다.5)

2019년에 MAS는 싱가포르에서 지역 녹색 금융 활동 및 기능을 추
진하기 위해 노력하는 자산운용사들에게 자금을 공급하기 위해 미
화 20억 달러의 녹색 투자 프로그램(Green Investment Programme)을 발
표하였습니다. 2021년 9월 싱가포르 정부는 법정 위원회와 협업하고
녹색 채권 프로그램의 프레임워크를 개발하기 위해 재정부(Ministry of
Finance) 산하에 녹색 채권 프로그램 부서(Green Bonds Programme Office)
를 설치하겠다고 발표했습니다. 이는 2021년 8월 국립환경청(National
Environmental Agency)이 30억 싱가포르 달러의 다중 통화 중기 채권 프
로그램(multicurrency medium term note programme)과 녹색 채권 프레임워
크를 구축하겠다고 발표한 데 이어 나온 것입니다. 이러한 프로그램
에 따른 채권 발행 수익금은 Tuas Nexus 통합 폐기물 관리 시설(Tuas
Nexus Integrated Waste Management Facility)을 포함한 지속 가능한 기반시
설 개발 프로젝트에 자금을 조달하는데 사용될 예정입니다.6)

---

5) 싱가포르 통화청, "보험 연계 증권 보조금 제도(Insurance-linked Securities Grant
   Scheme)" (2019년 5월 31일) <https://www.mas.gov.sg/schemes-and-initiatives/in-
   surance-linked-securities-grant-scheme> 이 제도는 2020년 12월에 종료되었습니다.
6) Vanessa Lim, "상가포르 지속 가능한 자금조달 촉진을 위해 새로운 사무소를
   설치함(Singapore Sets Up New Office under Ministry of Finance to Catalyse
   Sustainable Financing)" Channel NewsAsia (2021년 9월 30일) <https://www.
   channelnewsasia.com/sustainability/singapore-sets-new-mof-office-catalyse-sustainable

금융기관, 기업, 비정부 기구, 금융 산업 협회 대표들로 구성된 MAS가 주도한 녹색 금융 산업 태스크포스(Green Finance Industry Task-force, 이하 "GFIT")[7]도 부동산, 기반시설, 자금관리 및 전환 섹터에서 녹색 금융을 확장하기 위한 권고사항을 요약한 백서를 발표하였으며, 이러한 제안서를 개발하고 시행하기 위해 산업계 파트너들과 협력할 예정입니다.[8] 이 문서에 언급된 솔루션 중 하나는 단기 녹색 및 지속 가능한 무역 금융을 위한 산업 프레임워크와 현재 시범 운영 중인 운전 자본 산업 프레임워크의 설립 제안입니다.[9]

통상산업부(Ministry of Trade and Industry) 산하 법정 위원회인 엔터프라이즈 싱가포르(Enterprise Singapore)는 청정에너지, 순환 경제, 녹색 기반시설, 청정교통 등 녹색 성장 섹터에서 적격 기업(예: 프로젝트 개발자, 시스템 통합자, 기술 및 솔루션 구현자)이 기회를 포착하고 녹색 금융에 접근할 수 있도록 지원하기 위해 2021년 10월 기업 녹색 금융 제도(Enterprise Financing Scheme Green)를 발표하였습니다. 대출은 파트너 금융기관에서 제공하고 녹색 대출로 구성됩니다. 엔터프라이즈

-financing-22121>

7) GFIT는 다음과 같은 활동을 통해 녹색금융 발전을 가속화하기 위한 산업 주도의 이니셔티브입니다. (i) 택소노미 개발, (ii) 금융기관의 환경 리스크 관리 관행 개선, (iii) 공개 개선, (iv) 녹색금융 솔루션 육성

8) 싱가포르 통화청, "녹색 금융 가속화: 기후 관련 공개 및 녹색 무역 금융 프레임 워크를 위한 지침(Accelerating Green Finance: Guide for Climate-related Disclosures and Framework for Green Trade Finance)" (2021년 5월 19일) <https://www.mas. gov.sg/news/media-releases/2021/accelerating-green-finance>.

9) 녹색 금융 산업 태스크포스(Green Finance Industry Taskforce), "녹색 및 지속 가능한 무역금융 및 운전자금 솔루션 산업 프레임워크(Industry Framework for Green and Sustainable Trade Finance and Working Capital Solutions)", *백서: 녹색 금융 솔루션 육성(White Paper: Fostering Green Finance Solutions)* (2021년 5월 19일), 부록 2 <https://abs.org.sg/docs/library/fostering-green-finance-solutions-white-paper. pdf>

싱가포르는 이러한 금융기관들의 대출을 촉진하기 위하여 70%의 리스크 분담금을 제공합니다.[10)

싱가포르의 탈탄소화 노력을 지원하고 녹색 금융 시장을 강화하기 위해, 싱가포르 정부는 2022년 2월 공공 부문이 2030년까지 최대 350억 싱가포르 달러의 녹색 채권을 발행함으로써 솔선수범하겠다고 발표하였습니다. 여기에는 정부는 물론 법정위원회들(statutory boards)이 발행한 채권이 포함됩니다. 이러한 공공 부문의 녹색 채권 발행은 기업 녹색 채권 시장에 대한 참고자료 역할을 하고 녹색 채권의 시장 유동성을 강화하며, 녹색 채권 발행회사, 자본 및 투자자를 유치하여 민간 부문 녹색 금융 활동 확대를 위한 발판을 마련하기 위한 것입니다. 정부는 2022년 6월, 국제자본시장협회(International Capital Markets Association, 이하 "ICMA")의 녹색 채권 원칙(Green Bond Principles, 이하 "GBP")과 아세안[11) 자본시장포럼(ASEAN Capital Markets Forum, 이하 "ACMF")의 아세안 녹색 채권 기준(ASEAN Green Bond Standards, 이하 "AGBS")의 핵심 구성 요소와 주요 권고사항에 따라 개발된 싱가포르 녹색 채권 프레임워크(Singapore Green Bond Framework)를 발표하였습니다.[12)

(3) 신뢰할 수 있고 효율적인 지속 가능금융을 가능하게 하는 기술 활용

MAS는 특히 핀테크 기능을 적용하여 아시아 및 전 세계적으로 녹색 금융 발전에 박차를 가할 핀테크 솔루션을 홍보하기 위해 지난해

---

10) 엔터프라이즈 싱가포르(Enterprise Singapore), "기업 녹색 금융 제도(Enterprise Financing Scheme Green) (EFS-GREEN)" <https://www.enterprisesg.gov.sg/-/media/esg/files/financial-assistance/loans-insurance/efs-green-faqs.pdf?la=en>.

11) 동남아시아국가연합

12) 재정부, "녹색 채권" <https://www.mof.gov.sg/policies/fiscal/greenbonds>.

175만 싱가포르 달러 규모의 핀테크 공모를 시작했습니다. 이 공모는 전 세계 핀테크 기업과 금융기관, 솔루션 제공업체 등을 대상으로 진행되었습니다. 또한 MAS는 금융 섹터 기술 및 혁신 보조금 제도를 통해 6개의 녹색 핀테크 프로젝트를 지원하고 있습니다.[13]

보다 최근에 MAS는 2020년 12월 출범한 '프로젝트 그린프린트 (Project Greenprint)'에 따라 디지털 플랫폼을 시범 운영하기 위해 산업계와의 파트너십을 발표했습니다. 이 중 하나의 플랫폼은 다양한 관할권 및 목적에 따라 요구되는 다양한 보고 프레임워크에 맞추어 입력 데이터를 변환하여 ESG 공시 프로세스를 간소화하고자 합니다. 다른 하나는 여러 데이터 소스에서 지속 가능성 데이터를 집계하고, 이러한 주요 데이터 소스에 대한 액세스를 제공하여 데이터 분석 서비스를 통해 새로운 데이터 통찰력을 높여주어 투자 및 자금 조달 결정을 더 잘 지원할 수 있도록 합니다. 세 번째는 다양한 섹터의 인증기관이 부여한 ESG 인증의 출처와 자격을 갖춘 제3자 감사인이 검증한 데이터 및 지표를 기록하고 유지합니다. 마지막 플랫폼은 싱가포르 및 지역의 녹색기술 제공자를 투자자, 벤처 캐피털 회사, 금융기관, 기업 커뮤니티에 연결하여 녹색기술에 대한 파트너십, 혁신, 투자를 촉진합니다.[14]

---

13) Sue-Ann Tan, "MAS 기후 관련 투자를 위해 자산운용사 5곳에 23억 8,000만 달러를 투입함(MAS to deploy $2.38 billion to five asset managers for climate-related investments)" *Straits Times* (2021년 6월 10일) <https://www.straitstimes.com/business/economy/mas-to-deploy238-billion-for-climate-related-investment-opportunities>

14) 싱가포르 통화청, "MAS 와 산업계가 녹색 금융을 지원하기 위해 더 나은 데이터를 위한 디지털 플랫폼을 시범 운영함(MAS and Industry to Pilot Digital Platforms for Better Data to Support Green Finance)" (2021년 11월 9일) https://www.mas.gov.sg/news/media-releases/2021/mas-and-industry-to-pilot-digital-platforms-for-better-data-to-support-green-finance. 총리실(Prime Minister's Office), "2022년 6월

(4) 지속 가능 금융에 대한 지식과 역량 구비

MAS는 아시아 중심의 기후 연구 및 교육의 정착과 지속 가능성 및 녹색 금융 분야의 인력 양성을 촉진하고 지원해 왔습니다. 싱가포르 녹색금융센터(Singapore Green Finance Centre)는 지속 가능성, 기후, 녹색 금융 등에서 다학제적 연구와 인재 육성 기회를 제공하기 위해 2020년 설립됐습니다.[15] 이에 이어 올해에는 아시아를 중심으로 녹색 금융과 지속 가능성에 대한 깊은 연구와 역량을 키우기 위한 지속 가능 녹색 금융 연구소(Sustainable and Green Finance Institute)를 설립한다는 발표가 있었습니다.[16]

MAS는 또한 기업의 지속 가능성 역량 강화를 지원하고 녹색 및 지속 가능 금융 상품의 무결성을 보장하기 위해 지속 가능 금융 검증, 검토 및 평가 서비스 구축을 추진하고 있습니다.

22일 Point Zero Forum 개막에서 부총리 겸 경제정책 조정장관인 Heng Sweet Keat의 연설(Speech by Deputy Prime Minister and Coordinating Minister for Economic Policies Heng Swee Keat at the Opening of the Point Zero Forum on 22 June 2022)" (2022년 6월 22일)도 참고하시기 바랍니다. <https://www.pmo.gov.sg/Newsroom/DPM-Heng-Swee-Keat-at-the-Opening-of-the-Point-Zero-Forum>.

15) 싱가포르 경영대학 심기분 금융경제연구소(Singapore Management University Sim Kee Boon Institute for Financial Economics), "싱가포르 녹색금융센터 (Singapore Green Finance Centre)" <https://skbi.smu.edu.sg/singapore-green-finance-centre>.

16) 싱가포르 국립 대학교, "싱가포르 국립 대학교는 녹색 금융 교육 및 연구를 추진하기 위해 지속 가능한 녹색 금융 연구소를 설립함(NUS to Establish Sustainable and Green Finance Institute to Drive Green Finance Education and Research)" (2021년 9월 8일) <https://news.nus.edu.sg/nus-to-establish-sustainable-and-green-finance-institute-to-drive-green-finance-education-and-research/>.

2. SGX 지속 가능성 보고

지속 가능성 보고에 대한 SGX의 입장은 투자자 중심적(investor-centric)입니다. 즉, 투자자들은 발행회사들이 책임감 있고 지속 가능한 방식으로 사업을 영위할 것을 점점 더 요구하고 있기 때문에, 재무보고서를 사업 운영 방식과 현재 사업의 미래 지속 가능성에 대한 기술적이고 정량적인 정보로 보완하어야 할 필요성이 점차 커지고 있습니다. 재무보고에 지속 가능성 보고인 ESG 요소를 추가함으로써 미래 수익률을 위해 관리되는 예상 리스크와 기회를 제시하여 발행회사에 대한 보다 종합적인 이해를 가능하게함으로써 발행회사의 재무 전망과 경영의 질적인 면을 보다 잘 평가할 수 있도록 합니다.[17]

지속 가능성 보고 요건은 다음과 같은 8가지 핵심 원칙에 따라 결정됩니다.

(1) 이사회의 책임

이사회는 발행회사의 지속 가능성 보고에 대한 최종 책임을 부담합니다.

(2) '준수 또는 설명'

상장 규칙 711B(2)에 규정된 산업에 속하여 필수적으로 주요 구성요소에 대한 지속가능성 보고의무(아래 참고)를 부담하는 발행회사를 제외하고, 발행회사가 주요 구성요소에 대하여 보고할 수 없는 경우, 발행회사는 그러한 취지를 기재하고 대신 수행하는 작업과 그 이유

---

17) 싱가포르 증권거래소, "지속 가능성 보고 지침(Sustainability Reporting Guide)"; SGX 메인보드 상장 규칙(Mainboard Listing Rules), 실무해석(Practice Note) 7.6 및 카탈리스트 상장 규칙(Catalist Listing Rules), 실무해석(Practice Note) 7F.

를 설명해야 합니다.

(3) 리스크와 기회 보고

전략 및 운영과 직접적인 관련이 있는 리스크와 기회를 모두 고려하고 보고하여 발행회사의 실적, 전망 및 경영의 질에 대해 보다 명확하게 이해할 수 있도록 해야 합니다.

(4) 균형잡힌 보고

유리한 상황과 부정적인 상황 모두에 대해 정확하고 균형 잡힌 견해를 제시해야 합니다.

(5) 성과 측정 시스템

지속 가능성 리스크와 기회는 전략, 기타 조직 리스크, 운영 지표, 성과 측정 및 성과 인센티브와 연계되어야 합니다.

(6) 글로벌 기준 및 비교 가능성

전세계적으로 인정된 프레임워크 및 공시 관행을 우선적으로 참고해 보고해야 합니다.

(7) 이해관계자의 참여

발행회사와 이해관계자(고객, 직원, 공급업체, 규제기관, 지역 커뮤니티 및 가치사슬 내 기타 행위자) 간의 상호작용은 발행회사의 가치사슬 전반에 걸친 지속 가능성과의 관련성 때문에 투자자들에게 중요합니다. 또한 이해관계자의 견해는 발행회사가 주요 ESG 요소를 식별하는 데 중요한 정보를 제공합니다. 이해관계자의 정기적이고 지속적인 참여는 발행회사로 하여금 사업 및 물리적 환경 모두에서 지속 가능성에 대한 최신 현황을 이해할 수 있도록 합니다.

(8) 독립적인 검증(assurance)

몇 차례의 연간 보고를 거쳐 지속 가능성 보고에 관한 경험이 축적된 발행회사는 공개된 정보와 수행된 분석에 대한 신뢰도를 높이기 위해 독립적인 전문기관의 외부 검증(assurance)을 받고자 할 것입니다.

Ⅲ. 공개/보고 요건 및 실무

1. SGX 상장 발행회사의 지속 가능성 보고

SGX 메인보드 상장 규칙(SGX Mainboard Listing Rules) 및 카탈리스트 상장 규칙(Catalist Listing Rules)의 711A에 따라 발행회사는 회계연도에 대한 지속 가능성 보고서를 해당 회계연도 종료 후 5개월 이내에 발행해야 합니다. 상기 2개 상장 규칙의 711B는 메인보드 상장 규칙의 실무해석(Practice Note) 7.6 및 카탈리스트 상장 규칙의 실무해석(Practice Note) 7F의 지속 가능성 보고 지침(Sustainability Reporting Guide)과 함께, 지속 가능성 보고는 발행회사의 지속 가능성(Sustainability) 실무 현황을 다음 주요 구성요소와 함께 기재하여야 한다고 규정하고 있습니다.

(1) 중대한 ESG 요소

지속 가능성 보고는 단기, 중기 및 장기적으로 비즈니스 목표를 달성하는 데 있어 장벽 또는 조력자로 작용할 가장 중요한 ESG 리스크 및 기회와 관련이 있습니다. 이러한 리스크나 기회가 누락되거나 잘못 기재된 경우 투자자들의 의사결정에 영향을 미칠 수 있습니다. 일반적으로, 지속 가능성 보고에 있어 중요한 ESG요소는 당장은 아닐 지라도 시간이 지나면서 재무적인 측면에서도 중요한 것으로 간주됩니다.

발행회사는 가치사슬 맥락에서 비즈니스를 검토하고, 물리적 환경, 사회적 커뮤니티 및 거버넌스와의 상호작용과 관련하여 ESG 요소가 비즈니스 연속성에 중요한지 판단해야 합니다. 내부적인 영업활동뿐만 아니라 가치사슬에서 발행회사의 상품 또는 서비스에 기여하는 인력 및 공정도 함께 고려해야 합니다.

(2) 기존에 공시된 목표(targets)와 관련한 정책, 관행(practices) 및 성과

(3) 식별된 각 주요 ESG 요소와 관련된 차기 연도 목표

(4) 지속 가능성 보고 프레임워크

발행회사는 발행회사가 속한 산업 및 비즈니스 모델에 적합하고 잘 맞는 지속 가능성 보고 프레임워크를 선정하고 그러한 선정 내용에 대해 설명해야 합니다. 그 과정에서 발행회사는 점점 더 글로벌화되는 시장에서 더 폭넓게 수용될 수 있도록 세계적으로 인정된 프레임워크를 사용하는 것을 중요하게 생각해야 합니다. 발행회사의 사업과 관련하여 하나 이상의 지속 가능성 보고 프레임워크를 선택할 수 있습니다.

(5) 이사회 진술서(Board statement)

이사회는 지속 가능성 문제를 전략 수립의 일환으로 고려하여 중대한 ESG 요소를 결정하였으며 중대한 ESG 요소에 대한 관리 및 모니터링을 감독하였다고 명시해야 합니다.

중요한 점으로는, 지속 가능성 보고 지침(Sustainability Reporting Guide)
은 지속 가능성 보고에 대한 공시가 상장 규칙 703에 따라 발행회사
의 증권에 허위 시장(false market)이 형성되지 않도록 하기 위하여 필
요하거나 발행회사의 증권의 가격 또는 가치에 중대한 영향을 미칠
가능성이 있는 여하한 정보를 공개할 발행회사의 의무에 추가적으로
요구되는 것이므로 지속가능성 보고를 한다고 해서 상장규칙 703조
에 따른 의무가 경감되는 것은 아니라는 점을 분명히 하고 있습니다.

SGX는 2020년 7월 COVID 19 기간 동안 지속 가능성 보고에 대한
추가적인 기대사항을 발표하였습니다. COVID 19가 비즈니스의 인적
요소에 미치는 영향에 특히 중점을 두었고, 기업들이 지속 가능성 보
고의 사회적 측면 관련 항목들에 COVID 19로 인해 드러난 직원, 고
객, 공급업체, 커뮤니티 등 주요 이해관계자 그룹 간의 중대한 사회적
리스크 및 기회에 대한 관리 내용을 포함하도록 요청하였습니다.[18]

2. 지속 가능성 보고 검토 2021

SGX와 싱가포르 국립대학 거버넌스 및 지속 가능성 센터(Centre for
Governance and Sustainability, 이하 "CGS")는 SGX에 상장된 566개 발행회
사들의 지속 가능성 보고 지침 준수 수준과 관련한 보고 성과를 검토
한 결과, 상당한 개선의 여지가 있기는 하지만, 결과는 고무적인 것으
로 확인하였습니다.[19]

---

18) 싱가포르 증권거래소, "규제기관의 칼럼: COVID 19 기간 동안 싱가포르 증권
거래소 규정이 지속 가능성 보고에 기대하는 것(Regulator's Column: What SGX
RegCo Expects of Sustainability Reporting during COVID-19 Times)" <https://
www.sgx.com/media-centre/20200706-regulator-column-what-sgx-regco-expects-sustain
ability-reporting-during>

19) 싱가포르 증권거래소와 거버넌스 및 지속 가능성 센터, *2021년 지속 가능성*

보고서의 주요 검토 내용은 다음과 같습니다.

(a) 지속 가능 보고서 발간 요건 준수율이 매우 높았으며, 2019년 대비 개선되었습니다.

(b) 대형 발행회사들이 소형 발행회사들에 비해 준수율이 높은 한편, 카탈리스트 발행회사들은 전반적으로 메인보드 소형 발행회사들에 비해 준수율이 높았습니다.

(c) 예년과 같이 부동산 섹터가 준수 수준 상위권을 점한 한편, 금융 섹터 및 소재 섹터는 평균 이하의 점수를 기록했습니다.

(d) 중요사항 보고에 대한 준수는 개선되었으나 중요성 판단시 사용된 선택 프로세스에 대한 보고는 적었습니다. 또한, 기업들은 중요성 선정 과정에서 외부 이해관계자 보다 내부 이해관계자와 더 많이 논의하였습니다.

(e) 상위 10개 주요 주제는 다음과 같습니다.

(1) 산업 보건 및 안전

(2) 부패방지

(3) 에너지

(4) 고용 관행

(5) 교육 및 훈련

(6) 경제적 성과

(7) 다양성과 동등한 기회

(8) 지역 커뮤니티 참여

(9) 제품, 안전 및 마케팅

(10) 폐수 및 폐기물

(f) 이전에 공개된 목표에 대한 성과 보고는 2019년 대비 눈에 띄게

보고 검토*(Sustainability Reporting Review 2021)* (2021년 5월) https://api2.sgx.com/sites/default/files/2021-05/Sustainability%20Reporting%20Review%202021_p.p.pdf>

증가하였으나 최고 경영진 보수와 성과 간의 연계성은 여전히 낮았습니다.

(g) 목표에 대한 보고가 2019년 대비 증가했습니다. 발행회사들의 단기 목표 보고는 늘었지만 장기 목표 보고는 줄었습니다. 목표와 기업 전략 간의 연계성 보고는 개선되었습니다.

(h) 보고 형식 선정에 관한 보고는 철저히 준수했지만, 여전히 보고 형식 선정 프로세스는 널리 보고되지 않았습니다. 가장 인기 있는 형식은 글로벌 보고 이니셔티브(Global Reporting Initiative)였습니다.

(i) 식별된 이해관계자에 대한 보고는 준수 수준이 높았으나, 식별 프로세스 및 기업들의 이해관계자 우려에 대한 대응 방법에 대한 보고는 준수율이 낮았습니다.

(j) 기회보다 리스크가 더 많이 공개되었습니다. 리스크/기회가 성과에 미치는 영향에 대한 공개도 낮았습니다.

(k) 독립적 검증을 이용하는 경우가 적었고, 외부 검증의 경우는 더욱 낮았습니다.

(l) 불리한 정보보다 유리한 정보가 더 많이 공개되었습니다.

(m) 발행회사의 70%는 기후 변화와 에너지를 ESG 요소로 논의했고 66%는 배출량과 에너지 효율 데이터를 공개했습니다. 그러나, 2%만이 기후에 중점을 둔 보고 프레임워크를 사용했습니다.

3. 지속 가능성 보고 개선 동향

SGX는 2021년에 지속 가능성 보고 개선안에 대한 다양한 여론 수렴을 거쳐[20] 2022년 1월 1일부터 다음과 같은 새로운 요건을 발표했습니다.[21]

(1) 기후 보고

대주, 투자자 및 기타 주요 이해관계자들의 기후 관련 재무 정보에 대한 긴급한 요구에 주목하여 발행회사들은 금융안정위원회(Financial Stability Board)의 기후 관련 재무 공개 태스크포스(Task Force on Climate-related Financial Disclosures, 이하 "TCFD")의 권고사항에 따라 이러한 정보를 SGX에 보고해야 합니다.[22] 이러한 권고사항은 회사들이 시장 참여자들에게 일관되고 의사결정에 유용한 정보를 제공하도록 안내하고 발행회사들이 국제회계기준재단(International Financial Reporting Standards Foundation)이 개발할 것으로 예상되는 글로벌 베이스라인 지속 가능성 보고 기준에 따라 보고할 경우 더 잘 준비할 수 있도록 할 것입니다.[23]

---

20) 싱가포르 증권거래소, "기후 및 다양성에 대한 협의 논문(Consultation Paper on Climate and Diversity)" (2021년 8월 26일) <https://www.sgx.com/regulation/public-consultations/20210826-consultation-paper-climate-and-diversity>

21) 싱가포르 증권거래소, "기후 및 다양성에 대한 협의 논문(Consultation Paper on Climate and Diversity)(2021년 12월 15일) <https://www.sgx.com/regulation/public-consultations/20210826-consultation-paper-climate-and-diversity>; 싱가포르 증권거래소, "협의 논문에 대한 의견에 대한 응답- 기후 및 다양성: 앞으로의 길(Responses to Comments on Consultation Paper - Climate and Diversity: The Way Forward)" (2021년 12월 15일) <https://api2.sgx.com/sites/default/files/2021-12/Response%20Paper%20on%20Climate%20and%20Diversity%20-%20The%20Way%20Forward_0.pdf>; 및 싱가포르 증권거래소, "협의 논문에 대한 의견에 대한 응답 - 핵심 ESG 메트릭스 공통 세트로 시작(Responses to Comments on Consultation Paper - Starting with a Common Set of Core ESG Metrics)" (2021년 12월 15일) <https://api2.sgx.com/sites/default/files/2021-12/Response%20Paper%20on%20Starting%20with%20a%20Common%20Set%20of%20Core%20ESG%20Metrics.pdf>.

22) 신규 메인보드 상장 규칙(New Mainboard Listing Rules), 실무해석(Practice Note) 7.6, 3.5항, 4.1항, 4.7항 내지 4.17항 및 4.32항; 및 카탈리스트 상장 규칙(Catalist Listing Rules), 실무해석(Practice Note) 7F 3.5항, 4.1항, 4.7항 내지 4.17항, 및 4.32항.

TCFD는 다음과 같은 프레임워크를 사용하여 기후 관련 리스크를 공개할 것을 권장합니다.

(a) 기후 관련 리스크 및 기회에 대한 거버넌스

  (1) 기후 관련 리스크 및 기회에 대한 이사회의 감독

  (2) 기후 관련 리스크와 기회를 평가하고 관리하는 경영진의 역할

(b) 기후 관련 리스크 및 기회가 조직의 비즈니스, 전략 및 재무 계획에 미치는 실제적 영향 및 잠재적 영향

  (1) 단기, 중기, 장기적으로 식별된 기후 관련 리스크와 기회

  (2) 조직의 사업, 전략 및 재무 계획에 미치는 기후 관련 리스크 및 기회의 영향

  (3) 2°C 이하 시나리오를 포함하여 다양한 기후 관련 시나리오를 고려한 조직 전략의 회복력

(c) 금융기관이 기후 관련 리스크를 식별, 평가, 관리하는 방법

  (1) 기후 관련 리스크를 식별하고 평가하는 프로세스

  (2) 기후 관련 리스크 관리 프로세스

  (3) 기후 관련 리스크를 식별·평가·관리하는 프로세스가 전반적인 리스크 관리로 통합되는 방법

(d) 기후 관련 리스크 및 기회를 평가하고 관리하는 데 사용되는 지표 및 목표

  (1) 기후 관련 리스크 및 기회를 전략 및 리스크 관리 프로세스에 따라 평가하기 위하여 사용된 지표

---

23) 국제회계기준재단, "ISSB 는 지속가능성 공개의 포괄적인 글로벌 베이스라인을 만드는 제안을 제공함(ISSB delivers proposals that create comprehensive global baseline of sustainability disclosures)"(2022년 3월 31일)을 참고하시기 바랍니다 <https://www.ifrs.org/news-and-events/news/2022/03/issb-delivers-proposals-that-create-comprehensive-global-baseline-of-sustainability-disclosures/>.

(2) Scope 1, Scope 2 및 해당하는 경우 Scope 3온실가스 배출량 및 관련 리스크

(3) 기후 관련 리스크와 기회를 관리하는 데 사용되는 목표와 목표 대비 달성 정도[24]

기후 보고 의무화는 단계적으로 도입될 것입니다:

모든 발행회사들은 2022년에 개시하는 회계연도부터 지속 가능성 보고서에서 '준수 또는 설명(comply or explain)' 기준으로 기후 보고를 해야 합니다. 아울러, 2023 회계연도부터 금융, 농업, 식품 및 임산물 및 에너지 산업 분야의 발행회사들에게 기후 보고가 의무화될 예정입니다. 2024 회계연도부터는 자재와 건축, 운송 산업분야의 회사들에게 의무화 됩니다.[25]

(2) 검증(Assurance)

2022년 1월 1일부터, 발행회사들도 지속 가능성 보고 절차에 대해 내부 검토[26]를 받아야 하며, 모든 이사는 반드시 지속 가능성 교육을 1회 받아야 합니다.[27]

---

24) 기후관련 재무 공개에 관한 테스크 포스, *최종보고서: 기후관련 재무 공개에 대한 테스크 포스의 권고사항(Final Report: Recommendations of the Task Force on Climate-related Financial Disclosures)*(2017년 6월) <https://assets.bbhub.io/company/sites/60/2021/10/FINAL-2017-TCFD-Report.pdf>

25) 신규 메인보드 상장 규칙(New Mainboard Listing Rule) 711B(1), 및 실무해석(Practice Note) 7.6, 2.4항 및 3.2항; 및 카탈리스트 상장 규칙(Catalist Listing Rule) 711B(1), 및 실무해석(Practice Note) 7F, 2.4항 및 3.2항.

26) 신규 메인보드 상장 규칙(New Mainboard Listing Rule) 711B(3), 및 실무해석(Practice Note) 7.6, 5항; 및 카탈리스트 상장 규칙(Catalist Listing Rule) 711B(3), 및 실무해석(Practice Note) 7F, 5항.

27) 신규 메인보드 상장 규칙(New Mainboard Listing Rule) 720(7), 및 실무해석(Practice Note) 2.3, 별지 1; 및 카탈리스트 상장 규칙(Catalist Listing Rule) 720(6),

(3) 이사회 다양성

2022년 1월 1일부터 발행회사들은 성별, 역량 및 경험, 기타 다양성 관련 측면을 다루는 이사회 다양성 정책을 수립해야 합니다. 발행회사들은 또한 연례 보고서에 이사회 다양성 목표, 계획, 일정 및 진행 상황을 기재해야 합니다.[28]

(4) 공통 핵심 ESG 지표 및 데이터 포털

2021년 12월부터 SGX는 ESG 데이터 공개의 일관성과 비교 가능성을 촉진하기 위해 발행회사 보고에 참고할 수 있도록 핵심 ESG 지표 목록을 권장했습니다.[29] 그러나, 발행회사들은 핵심 ESG 지표에 국한되지 않고, 보고한 지표의 관련성과 완전성을 보장하기 위해 중대성 평가를 실시하도록 주의하고 있습니다. SGX는 국제 보고 표준의 발전에 발맞춰 핵심 ESG 지표를 정기적으로 검토하고 개정할 예정입니다.

핵심 지표는 다음과 같습니다.

(a) 전체, scope 1, scope 2 및 scope 3 (해당되는 경우), 온실가스 배출 절대량 및 배출 집약도,

(b) 총 에너지 소비 및 에너지 소비 집약도,

(c) 총 용수 사용량 및 용수 사용량 집약도,

(d) 총 발생 폐기물,

및 실무해석(Practice Note) 4D, 별지 1

28) 신규 메인보드 상장 규칙(New Mainboard Listing Rule) 710A; 및 카탈리스트 상장 규칙(Catalist Listing Rule) 710A.

29) 싱가포르 증권거래소, *공통 핵심 ESG 지표 세트로 시작*(Starting with a Common Set of Core ESG Metrics) (2021년 12월) <https://api2.sgx.com/sites/default/files/2021-12/SGX%20Core%20ESG%20Metrics_Dec%202021.pdf>.

(e) 성별, 연령 그룹별 현재 직원,

(f) 성별, 연령 그룹별 신규 채용 및 이직,

(g) 총 이직률 및 총 직원 수,

(h) 직원 1인당 및 성별 평균 교육시간,

(i) 작업장 사망자, 심각한 부상, 산업안전기록 대상 부상 및 산업안
    전기록 대상 업무 관련 질병 사례,

(j) 이사회의 독립성 및 여성 이사,

(k) 여성 경영진,

(l) 부패방지 공개 및 직원 대상 부패방지 교육,

(m) 지속 가능성 또는 ESG 관련 인증 목록,

(n) 지속 가능성 보고의 지침이 되는 프레임워크 및 공개 관행 준수
    여부, 및

(o) 지속 가능성 보고 검증(assurance).

SGX는 투자자들이 정렬된 지표와 공개 요건에 따라 발행회사들이
보고한 ESG 데이터를 구조화된 형태로 열람할 수 있는 ESG 데이터
포털의 개발을 진행할 예정입니다. 이는 지속 가능성 보고 프로세스
를 간소화하여 발행회사들의 보고 부담을 완화하기 위한 것입니다.

회계 및 기업규제청(The Accounting and Corporate Regulatory Authority)과
SGX는 또한 싱가포르의 지속가능성 보고를 발전시키기 위해 지속가
능성 보고 자문 위원회(Sustainability Reporting Advisory Committee)의 설립
을 발표했습니다. 위원회의 업무에는 SGX 상장 기업을 넘어 싱가포
르에서 설립된 기업을 위한 지속가능성 보고의 광범위한 시행을 위
한 로드맵 개발 업무가 포함됩니다.[30]

---

30) 회계 및 기업규제청, "ACRA와 싱가포르 증권거래소 규제위원회는 싱가포르
    의 지속가능성 보고를 발전시키기 위해 지속가능성 보고 자문위원회를 구성
    함(ACRA and SGX RegCo Set Up a Sustainability Reporting Advisory Committee

4. 금융상품 수준 공개

(1) ESG 소매 펀드

그린워싱 관련 리스크를 줄이고 투자자가 충분한 정보에 기반하여 결정을 내릴 수 있도록 하기 위하여, MAS는 2022. 7. 28. 발행한 안내서(Circular)[31]에서 집합투자기구법(Code on Collective Investment Schemes) 그리고 증권 및 선물 (투자청약) (집합투자기구) 규정(Securities and Futures (Offers of Investments) (Collective Investment Schemes) Regulations)에 따른 기존 규제조건이 ESG 소매 펀드에 적용되는 방식에 관한 MAS의 요구사항을 명시한 안내서를 발표하였습니다. 안내서는 펀드 관리에 관한 자본시장서비스업 허가를 받은 모든 기관, 그리고 증권 및 선물법(Securities and Futures Act) 제289조에 따른 수탁인을 대상으로 하며, 아래에 해당하는 승인된 또는 인식된 투자기구(이하 "ESG 펀드")에 적용됩니다:

(a) 핵심 투자 사항 및 전략으로 ESG 요소를 사용하거나 포함하고,

(b) ESG에 주안점을 둔 투자기구로 소개하는 경우.

투자설명서 공시 요건 및 기타 추가 정보 요건은 2023년 1월 1일

---

to advance Sustainability Reporting for Singapore)" (2022년 6월 21일) <https://www.acra.gov.sg/news-events/news-details/id/661>.

31) ESG 소매 펀드의 공시 및 보고 가이드라인에 관한 CFC 02/2022 안내서 (2022년 7월 28일) <https://www.mas.gov.sg/-/media/MAS/Regulations-and-Financial-Stability/Regulations-Guidance-and-Licensing/Securities-Futures-and-Fund-Management/Regulations-Guidance-and-Licensing/Circulars/CFC-02-2022-Disclosure-and-Reporting-Guidelines-for-Retail-ESG-Funds.pdf>. 안내서(Circular)는 특정인에게 정보 목적으로 제공되거나 대중에게 알리기 위하여 MAS 홈페이지에 게시되고 법적 효력은 없습니다. 관련하여 MAS, "감독 방법 및 규제 수단(Supervisory Approach and Regulatory Instruments)" 참조. <https://www.mas.gov.sg/regulation/MAS-Supervisory-Approach-and-Regulatory-Instruments>

이후 MAS에 신고된 ESG 펀드 투자설명서에 적용되며, 연간보고서 공시 요건은 2023년 1월 1일 이후 종결되는 회계연도에 대한 연간보고서에 적용됩니다.

(2) 펀드 명칭

투자기구의 명칭이 ESG 관련 또는 유사 단어를 포함하거나 사용하는 경우, 그러한 투자기구는 투자 포트폴리오 및/또는 전략에 그러한 ESG 투자 고려사항을 실질적으로 반영하고 안내서를 준수하여야 합니다. 한편, 어느 투자기구의 명칭이 MAS가 판단하기에 ESG 관련성 있는 단어를 사용하고 있지만 안내서에 부합하지 않는 경우, 그러한 투자기구 명칭은 부적절한 것으로 평가됩니다.

(3) 투자설명서 공시 요건

ESG 펀드의 투자설명서는 아래 사항을 공개해야 합니다:

(a) 투자 중점(Investment focus)

  1. 투자기구가 ESG에 중점을 두는 사실
  2. 위의 ESG 투자 중점의 달성 여부를 측정하기 위해 사용되는 관련 ESG 기준, 방법론 또는 지표

(b) 투자 전략

  1. 투자기구가 ESG 투자 중점을 달성하기 위해 취하는 전략 설명, 투자 과정에서 이러한 전략이 구현되는 요소, 투자 과정에서 이러한 전략이 지속적으로 운용되는 방식
  2. 투자 선택 과정에서 고려되는 여하한 ESG 기준, 지표, 원칙 등
  3. ESG 투자 중점을 구현하기 위해 활용되는 자산에 대한 최소 자산 배분 한도

(c) 참조 벤치마크(Reference benchmark)

　　1. ESG 투자 중점의 구현 정도를 측정하기 위해 벤치마크 인덱스를 사용하는 경우, 사용되는 인덱스가 투자기구의 투자 중점에 관련되거나 부합하는 이유에 대한 설명

　　2. 투자기구가 재무적 성과 측정에만 벤치마크 인덱스를 활용하는 경우 그러한 취지의 문언

(d) 리스크

　　투자기구의 ESG 중점 및 투자 전략에 관련된 리스크

(4) 연간 보고서 공시 요건

ESG 펀드의 연간 보고서에서는 다음과 같은 사항이 공시되어야 합니다.

(a) 회계연도 동안 ESG펀드의 ESG성과가 어떻게 충족되었는지 여부 및 그 정도 (가능할 경우 전년도와 비교)

(b) ESG 성과를 충족한 투자비율 (해당하는 경우)

(c) ESG 성과 달성을 위해 펀드가 취한 조치

(5) 추가 정보

적절한 경우, 펀드매니저의 웹사이트 및 기타 적절한 수단에 의하여 투자자 또는 잠재적 투자자에 대하여 추가 정보가 제공되어야 합니다.

(a) ESG 투자 중점이 측정되고 모니터링되는 방식, 관련하여 투자 중점 준수 여부를 지속적으로 모니터링하기 위하여 도입된 대내외적 통제 메커니즘

(b) ESG 데이터 출처 및 사용, 그리고 데이터 부족으로 가정치가 활용된 경우 그러한 내용

(c) 투자기구의 투자 활동 중 ESG 관련 요소에 관하여 진행된 실사
(d) 투자기구가 투자하고 있는 회사의 기업 행동에 영향을 줄 수
   있고 투자기구의 ESG 투자 중점 구현에 기여할 수 있는 이해관
   계자 참여 정책

Ⅳ. 금융기관 환경 리스크 관리지침

기후 변화, 오염, 생물 다양성 손실, 토지이용 변화 등을 포함하는
물리적 및 전환 환경 리스크에 대한 금융 섹터의 회복력을 강화하기
위한 것입니다. MAS는 2020년 12월 금융 섹터와 공동으로 자산운용
사, 은행, 보험사의 환경 리스크 관리에 대한 감독기관의 기대 내용을
규정한 3가지 지침을 제정하였습니다.[32] MAS는 환경 리스크가 물리

---

32) 싱가포르 통화청, 환경 리스크 관리 지침(자산운용사) (*Guidelines on Environmental Risk Management (Asset Managers)*) (2020년 12월) <https://www.mas.gov.sg/-/media/ MAS/Regulations-and-Financial-Stability/Regulation-Guidance-and-Licensing/Securities -Futures-and-Fund-Management/Regulations-Guidance-and-Licensing/Guidelines/ Guidelines-on-Environmental-Risk-Management-for-Asset-Managers.pdf> 싱가포르 통화청, 환경 리스크 관리 지침(은행) (*Guidelines on Environmental Risk Management (Banks)*) (2020년 12월) <https://www.mas.gov.sg/-/media/MAS/Regulation-and- Financial-Stability/Regulation-Guidance-and-Licensing/Commercial-Banks/Regulations -Guidance-and-Licensing/Guidelines/Guidelines-on-Environmental-Risk---Banks/ Guidelines-on-Environmental-Risk/Guidelines-on-on-Environmental-Risk/Guidelines-on -Environmental-Risk/Guidelines-on-Environmental-Risk/Guidelines-on-Environmental -Risk-Management-for-Banks.pdf> 및 싱가포르 통화청, 환경 리스크 관리 지침 (보험사) (Guidelines on Environmental Risk Management)(Insurers) (2020년 12월) <https:// www.mas.gov.sg/-/media/MAS/Regulations-and-Financial-Stability/Regulation -Guidance-and-Licensing/Insurance/Regulation-Guidance-and-Licensing-Licensing/ Guidelines/Guidelines-on-Environmental-Risk-Management-Insurers.pdf> 지침들은 특정 기관 또는 개인들의 행동 지침이 되는 원칙 또는 "모범행위기준(best

적 및 전환 리스크 채널을 통해 발생하는 신용 리스크, 시장 리스크, 유동성 리스크, 운영 리스크 및 보험 리스크를 포함하는 금융 리스크로 해석될 수 있다고 언급했습니다. 환경 리스크는 또한 환경에 영향을 미치는 비즈니스의 영향에 대한 부정적 인식으로 인해 잠재적인 평판 영향을 발생시키며,[33] 이는 결국 비즈니스 리스크입니다.

자산운용사를 위한 지침은 펀드 운용 및 부동산 투자 신탁 운용을 위한 자본시장 서비스 허가를 보유한 모든 자들과 등록된 펀드 운용사에 적용됩니다. 이는 일반적으로 패시브 전략을 가진 경우를 포함하여 그들이 운용하는 펀드/자산운용위탁(mandate)의 투자에 대한 재량권을 가진 자산운용사에게 적용되며, 자산운용사가 관련 법령을 준수하고 고객에 대한 선관주의 의무 및 기타 법적 의무를 이행하는 것을 금지하거나 제한하지 않습니다. 은행을 위한 지침은 싱가포르에서 영업하는 모든 은행, 종합금융회사(merchant bank) 및 금융회사에 적용되며, 보험사를 위한 지침은 인수 및 투자 활동, 기타 중대한 환경 리스크에 노출되는 활동과 관련하여 싱가포르에서 영업하는 모든 보험사에 적용됩니다.

---

practice standards)"을 정립합니다. 지침들은 법적 구속력은 없으나 MAS는 특정된 기관 및 개인들은 관련 지침들의 취지에 맞게 행동하여야 한다고 적시합니다. 어느 기관이나 개인이 지침을 잘 준수하는지 여부는 해당 기관 및 개인에 대한 MAS의 종합적인 리스크 평가에 영향을 미칠 수 있습니다. 관련하여 MAS, "감독 방법 및 규제 수단(Supervisory Approach and Regulatory Instruments)" 참조.

33) 또한, 싱가포르 은행연합회(Association of Banks in Singapore), 책임금융에 관한 싱가포르 은행연합회 지침(*ABS Guidelines on Responsible Financing*)(2018년 6월 1일) (릴리스 버전 1.1) <https://abs.org.sg/docs/library/responsible-finance-guidelines-version-1-1.pdf>을 참고하시기 바랍니다.

1. 거버넌스 및 전략

 금융기관의 이사회와 고위 경영진은 금융기관의 리스크 성향(risk appetite), 전략 및 사업계획에 환경적 고려사항을 반영하고, 기업 리스크 관리 또는 투자 리스크 관리를 위한 프레임워크에 환경 리스크를 통합하도록 감독하는 역할을 할 것이 기대됩니다. 그들은 금융기관의 환경 리스크 관리 및 공개를 효과적으로 감독하고, 중대한 환경 리스크를 감독할 충분한 고위 경영진 또는 위원회를 지정해야 합니다.

 이사회는 특히 다음에 대한 책임을 부담할 것입니다.

(a) 환경 리스크 노출과 운용 자산의 환경 리스크를 평가 및 관리하기 위한 환경 리스크 관리 프레임워크 및 정책을 승인함.

(b) 금융기관의 선관주의 의무 및 고객에 대한 기타 법적 의무를 고려하여 중대한 환경적 리스크가 금융기관의 리스크 성향 프레임워크에 포함되도록 함.

(c) 이사회 및 고위 경영진의 명확한 역할과 책임을 설정하고, 이사들이 환경 리스크에 대해 충분히 이해하고 고위 경영진이 그러한 리스크를 관리하기 위한 적절한 전문지식을 갖추도록 함.

 고위 경영진은 다음에 대한 책임을 부담합니다.

(a) 환경 리스크 관리 프레임워크 및 정책, 환경 리스크 노출을 모니터링하기 위한 도구 및 지표의 개발 및 이행을 보장함.

(b) 프레임워크, 정책, 도구 및 지표의 효율성을 정기적으로 검토함.

(c) 환경 리스크를 관리하고 그러한 리스크를 해결하기 위해 시의적절한 조치가 취해지도록 하기 위한 내부 보고 프로세스를 수립함.

(d) 이사회에 중대한 환경 리스크 사안에 대해 보고함.

(e) 금융기관의 환경 리스크 또는 운용 자산의 리스크를 관리하기 위해 전문지식을 갖춘 적절한 인적자원을 할당함.

2. 리스크 관리

금융기관은 환경 리스크를 체계적이고 일관성 있게 관리하기 위한 리스크 관리 프레임워크를 개발해야 합니다. 이러한 프레임워크 하에서 금융기관은 다음 내용이 포함된 정책과 프로세스를 마련해야 합니다.

(a) 3단계 방어선 모델에 따라 환경 리스크를 관리함에 있어 사업 부문(business lines) 및 부서(functions)의 역할과 책임을 명확하게 규정함.[34]

(b) 고객, 자산, 거래 및 포트폴리오를 기준으로 금융기관에 잠재적 영향을 미치는 중대한 환경 리스크(potential impact material environmental risk)를 식별하고 평가함. 리스크 기준(criteria) 및 지표(indicators)는 다양한 자산 군의 환경 리스크를 식별하고, 강화된 실사가 필요한 환경 리스크가 높은 섹터 및 거래를 파악하기 위해 적용되어야 하며, 중대한 환경 리스크가 리스크 프로파일, 사업 전략 및 투자 포트폴리오에 미치는 영향을 평가하기 위하여 시나리오 분석 및 스트레스 테스트를 실시해야 함.

(c) 환경리스크를 관리하기 위한 효과적인 리스크 관리 관행 및 내부 통제를 이행함. 금융기관들은 고객들과 소통하고 환경 리스크가 더 높은 투자 대상 회사들에 대해 건전한 스튜어드십 권리를 행사해야 함.[35]

---

34) 즉, 사업 부문 직원이 1단계 방어선 역할을 하고, 리스크 관리 및 준수 부서가 2단계 방어선 역할을 하며, 내부 감사 부서가 3단계 방어선 역할을 수행합니다.

(d) 환경 리스크를 효과적으로 모니터링하고 이사회 및 고위 경영 진에게 시의적절하게 보고함.

3. 환경 리스크 정보의 공시

금융기관은 연 1회 이상 기존 고객 및 잠재적 고객을 포함한 이해 관계자들에게 명확하고 의미 있는 방식으로 환경 리스크를 관리하는 접근방식을 공시해야 합니다. 금융기관의 연례 보고서, 지속 가능성 보고서 및/또는 웹사이트에서 공시할 수 있으며, [36] TCFD의 권고사 항 등 잘 알려진 프레임워크에 따라 공개해야 합니다.

---

35) 또한, Stewardship Asia, *책임있는 투자자를 위한 싱가포르 스튜어드십 원칙* *(Singapore Stewardship Principles for Responsible Investors)* (2016년 11월) <http://www. stewardshipasia.com.sg/sites/default/files/2020-09/Section%202%20-%20SSP%20% 28Full%20Document%29.pdf>을 참고하시기 바랍니다.

36) 싱가포르 통화청, *접수된 피드백에 대한 회신: 환경 리스크 관리에 대한 지침 (안) (자산운용사)* *(Response to Feedback Received: Proposed Guidelines on Environmental Risk Management (Asset Managers))* (2020년 12월 8일), 16면 <https://www.mas.gov.sg /-/media/MAS/News-and-Publications/Consultation-Papers/Response-to-Feedback-Received-on-guidelines-on-Guidelines-on-Environmental-Risk-Management-for-Asset-Managers.pdf>, 싱가포르 통화청, *접수된 피드백에 대한 회신: 환경 리스크 관리 에 대한 지침(안) (은행)* *(Response to Feedback Received: Proposed Guidelines on Environmental Risk Management (Banks))* (2020년 12월), 17면 <https://www.mas.gov.sg/-/media/ MA/S/Regulations-and-Financial-안정/Regulations-Guidance-and-Licensing/Com-mercial-Banks/Regulation-Guidance-and-Licensing-Licensing/Guidelines/Guidelines/ Guidelines-on-Environmental-Risk/Banks/Response-to-Feedback-Received-Received-for-Guidelines-on-Environmental-Risk-Management-for-Banks.pdf>; 및 싱가포르 통 화청, *접수된 피드백에 대한 회신: 환경 리스크 관리에 대한 지침(안) (보험사)* *(Response to Feedback Received: Proposed Guidelines on Environmental Risk Management (Insurers))* (2020년 12월), 16면 <https://www.mas.gov.sg/-/media/MAS/News-and-Publications/Consultation-Papers/Response-to-Consultation-Paper-ENRM-Guidelines -Insurers.pdf>

MAS는 공시 기준이 아직 확립되는 과정에 있다는 점에 주목하면서 현재로서는 금융기관들에게 독립적인 제3자의 검토를 받을 것을 요구하지 않았습니다.[37] 그러나 시간이 지남에 따라 외부 검증을 구하는 은행이 늘어날 가능성이 높다고 지적했습니다. 녹색 상품의 내력을 증명하기 위해 기술을 활용한 데이터 검증을 활용하겠다는 뜻도 밝혔습니다.[38]

MAS는 또한 최근 기후 관련 리스크 공시에 대한 기대 사항을 국제적으로 조정된(aligned) 기준에 의거한 법적 구속력 있는 준수 요건으로 전환하는 방안을 올해 말 논의하겠다고 발표한 바 있습니다.[39]

4. 시행 접근 방식 및 과제

각 금융기관의 규모, 범위 및 비즈니스 모델이 다를 수 있음을 인식하여, 금융기관들은 리스크에 비례하는 방식으로, 그리고 활동의 규모와 성격 및 리스크 프로파일에 상응하는 방식으로 이러한 지침을 시행할 것으로 예상됩니다. MAS는 또한 환경 리스크 측정 및 보고 방법론이 초기 단계이며, 공시 프레임워크가 계속해서 발전함에

---

37) 싱가포르 통화청, *접수된 피드백에 대한 회신: 환경 리스크 관리에 대한 지침 (안) (은행) (Response to Feedback Received: Proposed Guidelines on Environmental Risk Management (Banks))* (2020년 12월) 19면.

38) Chanyaporn Chanjaroen and Haslinda Amin, "싱가포르 스트레스 테스트, 기술로 그린워싱을 억제하다(Singapore to Curb Greenwashing with Stress Tests, Technology)" Bloomberg (2021년 11월 8일) <https://www.bloomberg.com/news/article/ 2021-11-07/singapore-aims-to-curb-greenwashing-via-stress-tests-technology>

39) "녹색 금융 업무를 하기 위해 해야 할 일(What We Need to Do to Make Green Finance Work)" - 2021년 9월 8일 Financial Times Investing for Good Asia Digital Conference에서 싱가포르 통화청의 상무이사인 라비 메논의 기조연설 <https:// www.mas.gov.sg/news/speeches/2021/what-we-need-to-to-make-green-finance-work>

따라 기업 전반에 걸쳐 공시에 대한 최소한의 기준을 수렴하는 데 시간이 걸릴 것이라고 언급하였습니다. 방법론이 계속 진화하고 성숙해가는 만큼 환경 리스크 관리 관행의 시행이 반복적인 프로세스가 될 것이라고 예상합니다. 또한, MAS는 리스크 관리 관행의 진화하는 성격과 성숙도를 반영하기 위해 지침을 적절히 업데이트할 예정입니다.[40]

MAS는 금융기관들이 가급적 빠른 시일 내에 지침을 시행하기 위해 노력할 것을 요청하고 있으나, 금융기관들이 초기 시행에 어려움을 겪을 수 있다는 사실을 인지하고 2022년 6월까지 18개월의 계도기간(transition period)을 두었으며, 이 기간 이후 금융기관들이 공시를 개시할 것을 기대하고 있습니다. 그러나, 2021년 2분기부터는 대형 금융기관들과 준수 현황에 대한 논의에 착수할 예정이라고 밝혔습니다.[41]

MAS는 또한 금융기관들에게 금융시스템의 녹색화에 관한 네트워크(이하, "NGFS"), TCFD 및 책임투자원칙(Principles for Responsible Investment)

---

40) 싱가포르 통화청, *접수된 피드백에 대한 회신: 환경 리스크 관리에 대한 지침(안) (자산운용사) (Response to Feedback Received: Proposed Guidelines on Environmental Risk Management (Asset Managers))* (2020년 12월 8일), 5면; 싱가포르 통화청, *접수된 피드백에 대한 회신: 환경 리스크 관리에 대한 지침(안) (은행) (Response to Feedback Received: Proposed Guidelines on Environmental Risk Management (Banks))* (2020년 12월), 5면; 싱가포르 통화청, *접수된 피드백에 대한 회신: 환경 리스크 관리에 대한 지침(안) (보험사) (Response to Feedback Received: Proposed Guidelines on Environmental Risk Management (Insurers))* (2020년 12월), 5면.

41) 싱가포르 통화청, *접수된 피드백에 대한 회신: 환경 리스크 관리에 대한 지침(안) (자산운용사) (Response to Feedback Received: Proposed Guidelines on Environmental Risk Management (Asset Managers))* (2020년 12월 8일), 16-17면; 싱가포르 통화청, *접수된 피드백에 대한 회신: 환경 리스크 관리에 대한 지침(안) (은행) (Response to Feedback Received: Proposed Guidelines on Environmental Risk Management (Banks))* (2020년 12월), 19-20면; 싱가포르 통화청, *접수된 피드백에 대한 회신: 환경 리스크 관리에 대한 지침(안) (보험사) (Response to Feedback Received: Proposed Guidelines on Environmental Risk Management (Insurers))* (2020년 12월), 17면.

을 포함한 모범적인 환경 리스크 관리 관행을 공유하기 위해 진행중인 업계 및 국제적 노력으로부터 지침을 받고, 관련 환경 리스크 관리 지식과 숙련도를 얻기 위하여 환경 리스크 관리 교육과정에 참여할 것을 권장하였습니다.[42]

데이터 문제(data challenge)가 금융기관들의 환경 리스크 분석에 핵심적인 장애가 되고, 데이터 제약이 부분적으로 기업 및 고객이 보고한 데이터의 한계와 그러한 데이터의 비교가능성 부족으로 인해 발생할 수 있다는 점을 인식하고, MAS는 이러한 문제를 해결하기 위해 국제(NGFS를 통하여 다른 규제기관과 협력, 국제증권위원회 조직 지속 가능 금융 태스크 포스(International Organisation of Securities Commissions Sustainable Finance Task Force) 및 지속 가능 금융에 관한 국제 플랫폼(International Platform on Sustainable Finance)에 참여하는 등) 및 국내(싱가포르 증권거래소가 요구하는 상장 발행회사들의 지속 가능성에 대한 연차 보고 등) 전선에서 진행중인 이니셔티브에 참여하고 있습니다. [43] MAS는

---

42) 싱가포르 통화청, *접수된 피드백에 대한 회신: 환경 리스크 관리에 대한 지침 (안) (자산운용사) (Response to Feedback Received: Proposed Guidelines on Environmental Risk Management (Asset Managers))* (2020년 12월 8일), 13면; 싱가포르 통화청, *접수된 피드백에 대한 회신: 환경 리스크 관리에 대한 지침(안) (은행) (Response to Feedback Received: Proposed Guidelines on Environmental Risk Management (Banks))* (2020년 12월), 5면과 6면; 싱가포르 통화청, *접수된 피드백에 대한 회신: 환경 리스크 관리에 대한 지침(안) (보험사) (Response to Feedback Received: Proposed Guidelines on Environmental Risk Management (Insurers))* (2020년 12월), 5면. GFIT는 금융회사들이 제품 또는 서비스를 보증하거나 추천하지 않았다는 점을 분명히 밝혔음에도 불구하고 금융기관들이 환경 리스크를 식별하고 평가할 수 있도록 지원하는 자원 목록을 작성하였습니다. 녹색 금융 산업 태스크포스, *자산운용사, 은행 및 보험사를 위한 환경 리스크 관리 이행 핸드북(Handbook on Implementing Environmental Risk Management for Asset Managers, Banks and Insurers)*, 71면 및 72면을 참고하시기 바랍니다.

43) 싱가포르 통화청, *접수된 피드백에 대한 회신: 환경 리스크 관리에 대한 지침 (안) (자산운용사) (Response to Feedback Received: Proposed Guidelines on Environmental*

데이터 격차를 줄이고 의사결정을 지원하기 위해 핀테크도 활용하고 있습니다.[44]

　GFIT는 금융기관들이 지침을 시행하도록 지원하기 위해 2021년 1월에 시행에 관한 지침을 발표하고 모범사례를 공유하였습니다.[45] MAS는 또한 2021년에 MAS가 선정한 금융기관들에 대하여 실시한 주제별 검토를 기반으로 하여 2022년 5월에 환경 위험 관리에 대한 자료집(information papers)을 발표했습니다. 자료집은 금융기관의 신규 사례 및/또는 모범 사례를 강조하고 추가 작업이 필요한 영역을 식별하였습니다.[46] MAS는 자료집에서 금융기관이 환경 위험 고려사항을 위험 관리 프레임워크 및 프로세스에 통합하는 과정 중 저마다 다른 진행 단계에 있다고 밝혔습니다. 자료집에서 강조된 과제에는 데이터 가용성, 정확성 및 비교가능성 문제로 인해 실효성을 잃은 환경 위험 평가 방법론의 개선방안이 포함되었습니다. 지속가능한 금

Risk Management (Asset Managers)) (2020년 12월 8일), 10면; 싱가포르 통화청, *접수된 피드백에 대한 회신: 환경 리스크 관리에 대한 지침(안) (은행) (Response to Feedback Received: Proposed Guidelines on Environmental Risk Management (Banks))* (2020년 12월), 15면; 싱가포르 통화청, *접수된 피드백에 대한 회신: 환경 리스크 관리에 대한 지침(안) (보험사) (Response to Feedback Received: Proposed Guidelines on Environmental Risk Management (Insurers))* (2020년 12월), 10면.

44) 싱가포르 통화청, *접수된 피드백에 대한 회신: 환경 리스크 관리에 대한 지침(안) (자산운용사) (Response to Feedback Received: Proposed Guidelines on Environmental Risk Management (Asset Managers))* (2020년 12월 8일), 6면

45) 녹색 금융 산업 태스크포스, *자산운용사, 은행 및 보험사를 위한 환경 위험 관리 시행에 관한 핸드북(Handbook on Implementing Environmental Risk Management for Asset Managers, Banks and Insurers)* <https://abs.org.sg/docs/library/handbook-on-implementing-environmental-risk-management>.

46) 싱가포르 통화청, "환경 위험 관리에 대한 자료집(Information Papers on Environmental Risk Management)" (2022년5월 31일) <https://www.mas.gov.sg/publications/monographs-or-information-paper/2022/information-papers-on-environmental-risk-management>.

융 전문 인력 수요가 늘어나면서 최전선과 리스크 관리 전반에서 발생하는 인력 부족도 과제로 지적되었습니다.

Ⅴ. 지속 가능한 자금조달을 위한 MAS 보조금 제도

MAS는 기업들이 지속 가능한 자금조달에 접근할 수 있도록 지원하고, 모범사례를 장려하기 위하여 2가지 보조금 제도를 발표하였으며, 이를 통해 발행회사 또는 차주의 일정 비용을 이러한 제도의 보조금으로 환급 받을 수 있도록 하였습니다.

1. 지속 가능한 채권 보조금 제도[47)

지속 가능한 채권 보조금 제도(Sustainable Bond Grant Scheme)를 통해 싱가포르에서 녹색, 사회적, 지속 가능성 및 지속 가능성 연계 채권(이하 총칭하여 "지속 가능한 채권")의 발행이 장려됩니다. 이러한 채권은 지속 가능성 관행을 보다 폭넓게 채택하도록 하는 방향으로 자본이 투입될 수 있도록 도와줄 수 있습니다. 이 제도는 지속 가능한 채권 발행회사가 자신들의 녹색, 사회적, 지속 가능성 및 지속 가능성 연계 채권의 현황을 파악하기 위해 외부 검토기관을 고용하므로 지속 가능한 채권 발행회사가 추가 비용을 부담해야 할 수 있음을 인식하고, 그러한 비용을 지원하려는 것입니다. 이 제도는 2023년 5월 31일까지 유효합니다.

---

47) 싱가포르 통화청, "지속 가능한 채권 보조금 제도(Sustainable Bond Grant Scheme)" <https://www.mas.gov.sg/schemes-and-initiatives/sustainable-bond-grant-scheme> 를 참고하시기 바랍니다.

(1) 적격 발행회사

이 제도는 지속 가능한 채권을 처음 발행하거나 반복적으로 발행하는 발행회사에 적용되며, 발행회사는 1회 이상 보조금을 신청할 수 있습니다.

(2) 적격 발행

자격을 갖추려면 지속 가능한 채권은 국제적으로 인정된 녹색, 사회적, 지속 가능성 및 지속 가능 연계 원칙 또는 기준에 부합하는지 여부를 입증하기 위해 발행전 외부 검토 및 평가를 받아 싱가포르에서 발행되어 상장되어야 합니다. 지속 가능 연계 채권의 경우 최초 3년 또는 채권의 만기 중 먼저 종료되는 기간 동안 발행 후 매년 외부 검토나 보고를 실시해야 합니다. 채권 프로그램의 최소 규모는 2억 싱가포르 달러 이상이어야 하며, 최초 발행금액은 2천만 싱가포르 달러 이상이어야 하고, 만기는 1년 이상이어야 합니다. 발행 전 외부 검토 또는 평가와 발행 후 외부 검토 또는 보고는 싱가포르의 외부 검토자가 수행해야 하며, 지속 가능성 자문 및 평가 작업 중 최소한 일부라도 싱가포르의 금융기관들이 수행해야 합니다.

(3) 적용 대상 비용

이 제도가 적용되는 비용은 국제적으로 인정된 지속 가능한 채권 원칙 또는 프레임워크를 기반으로 수행된 독립적인 외부 검토나 평가와 관련하여 발생한 비용입니다. 이는 국제적으로 인정된 지속 가능한 채권 원칙 또는 기준에 부합한다는 것을 입증한 발행 전 외부 검토 또는 평가, 또는 최초 3년 동안 또는 채권의 만기 중 먼저 종료되는 날까지 매년 실시되는 발행 후 외부 검토 또는 보고와 관련된 비용입니다. 비용 보장 한도는 100,000 싱가포르 달러 또는 각 적격 발행을 위한 적용 대상 비용의 100% 중 더 낮은 금액으로 합니다.

2. 녹색 및 지속 가능성 연계 대출 보조금 제도[48]

녹색 및 지속 가능성 연계 대출 보조금 제도(Green and Sustainability-Linked Loans Grant Scheme, 이하 "GSLS")는 전세계적으로 처음 시행되는 제도로서, 대출의 녹색성 및 지속 가능성을 검증할 독립적인 지속 가능성 자문 및 평가 서비스 제공자를 선임하는 비용을 보상해 줌으로써 기업들이 녹색 및 지속 가능한 자금조달을 확보할 수 있도록 지원합니다. GSLS는 또한 모든 기업들이 이러한 금융을 보다 쉽게 이용할 수 있도록 은행들이 녹색 및 지속 가능성 연계 대출 프레임워크를 개발할 수 있도록 지원합니다. GSLS는 2023년 12월 31일까지 유효합니다.

GSLS는 2개의 트랙에 따라 지속 가능성 자문 및 평가 서비스 참여 비용을 지원합니다.

(1) 녹색 및 지속 가능성 연계 대출

1) 적용 대상 비용

이 트랙은 다음 내용이 포함된 서비스를 위해 지속 가능성 자문 및 평가 서비스 제공자를 선임함에 있어 발생한 비용을 지원합니다.
  (1) 대출 프레임워크 또는 지속 가능성 성과 목표(이하 "SPT")의 개발,
  (2) 국제적으로 인정된 녹색 및/또는 지속 가능성 연계 대출 원칙 에 기반한 대출 실행 전/후 외부 검토,

---

48) 싱가포르 통화청 "녹색 및 지속 가능성 연계 대출 보조금 제도(Green and Sustainability-Linked Loans Grant Scheme)"를 참고하시기 바랍니다.

(3) ESG 평가 점수의 획득, 및

(4) 대출금의 사용 및 예상되는 영향 또는 SPT 달성 및 영향에 관한 보고.[49)]

이 제도는 3년간 대출 건당 최대 100,000 싱가포르 달러를 지원합니다.

2) 대출 요건

차주는 역내 또는 역외를 불문하고 회사 또는 금융기관일 수 있습니다. 대출 기간은 3년 이상이어야 하고, 대출 규모는 2천만 싱가포르 달러 이상이어야 합니다. 대출은 신규 건이어야 하며, 보조금에서 이전에 지원한 기존 대출의 대환은 이 제도에서 제외됩니다. 차주는 각 적격 대출에 대해 보조금을 신청할 수 있습니다.

3) 외부 검토 요건

대출에 대해서는 다음과 같은 외부 검토 요건이 적용되어야 합니다.

(1) 녹색 대출의 경우, 대출 실행 전 외부 검토는 해당 대출이 국제적으로 인정된 녹색 대출 원칙에 부합함을 입증해야 합니다.

(2) 지속 가능성 연계 대출의 경우, 대출 실행 전 외부 검토는 다음을 입증해야 합니다.

　(i) 국제적으로 인정된 지속 가능성 연계 대출 원칙에 부합함.

　(ii) 전체 SPT 중 최소 2개는 UN 지속 가능 발전 목표(UN Sustainable Development Goals) 또는 지속 가능성 연계 대출 원칙의 환경 목표에 기여해야 함.

위 요건에 대신하여 차주는 ESG 평가 점수를 받을 수 있습니다.

---

49) 녹색 대출의 경우, 대출 실행 전 외부 검토는 해당 대출이 국제적으로 인정된 녹색 대출 원칙에 부합함을 입증하여야 합니다.

또한, 대출 실행 후 외부 검토는 3년간의 자금조달 기간 동안 매년 차주의 SPT 달성 여부를 확인해야 합니다.

4) 싱가포르 연계

싱가포르에 녹색 금융 전문성을 정착시키기 위해서, 금융 부문 인센티브(FSI) 수령인인 싱가포르의 은행에 귀속되는 대출 총수입(gross revenue)이 50%를 초과하여야 합니다.[50] 지속 가능성 자문 및 평가 서비스로부터 발생하는 총수입도 싱가포르에 기반을 둔 서비스 제공자에게 귀속되는 부분이 50%를 초과하여야 합니다. 대출의 지속 가능성 자문 및 평가 업무도 싱가포르에서 수행되어야 합니다.

(2) 녹색 및 지속 가능 연계 대출 프레임워크

1) 적용 대상 비용

이 트랙의 경우 다음 내용과 같은 지속 가능성 자문 및 평가 서비스 제공자를 선임함에 있어 발생한 프레임워크 실행 전후 비용을 포함한 적격 비용을 지원합니다.

(1) 녹색 또는 지속 가능 연계 대출 프레임워크의 개발,
(2) 국제적으로 인정된 녹색 또는 지속 가능 연계 대출 원칙에 기반한 프레임워크에 대한 외부 검토, 및
(3) 녹색 또는 지속 가능 연계 대출 프레임워크, 조달된 대출 및 예상 영향에 관한 보고.

연간 매출액이 1억 싱가포르 달러 이하이고 대출 규모가 2천만 싱

---

50) 금융 부문 인센티브에 대한 보다 자세한 정보는 싱가포르 통화청, "금융 부문 세금 인센티브 제도(Financial Sector Tax Incentive Schemes)" <https://www.mas.gov.sg/schemes-and-initiatives/financial-sector-tax-incentive-schemes/financial-sector-incentive-scheme>를 참고하시기 바랍니다.

가포르 달러 미만인 개인이나 회사를 위한 녹색 및 지속 가능 연계 대출 제도의 경우, 이 제도는 3년 동안 프레임워크당 최대 18만 싱가포르 달러를 한도로 적격 비용의 90%를 지원합니다.

기타 녹색 및 지속 가능 연계 대출 프레임워크의 경우, 3년 동안 프레임워크당 최대 12만 싱가포르달러를 한도로 적격 비용의 60%를 지원합니다.

2) 신청자격

싱가포르에 소재한 FSI 회사들은 녹색 또는 지속 가능 연계 대출 프레임워크가 마련될 때마다 보조금을 신청할 수 있습니다. 이전에 이미 보조금 지원을 받은 프레임워크를 개선하는 경우 혜택을 받을 수 없습니다.

3) 프레임워크 및 외부 검토 요건

대출 실행 전 단계에서
(1) 프레임워크는 국제적으로 인정된 녹색 또는 지속 가능 연계 대출 원칙에 부합함을 입증하는 외부 검토를 받아야 합니다.
(2) 프레임워크는 국제적으로 인정된 녹색 또는 지속 가능 연계 대출 원칙에 부합하고 지속 가능성 자문 및 평가 서비스 제공자와 논의하여 제정되어야 합니다.

또한, (3년간의 자금조달 기간 동안 매년) 프레임워크에 대한 외부 검토는 프레임워크가 국제적으로 인정된 녹색 또는 지속 가능 연계 대출 원칙과 기본 구조가 지속적으로 부합하는지 여부를 확인해야 합니다.

4) 싱가포르 연계

싱가포르에 녹색 금융 전문성을 정착시키기 위해서는 프레임워크에서 실행된 대출의 지속 가능성 자문 및 평가 업무와 프레임워크의 설계 및 개념화는 싱가포르에서 수행되어야 합니다. 지속 가능성 자문 및 평가 서비스 총 수입이 싱가포르에 기반을 둔 서비스 제공자에게 50%를 초과하여 귀속되어야 합니다.

3. "국제적으로 인정된 원칙이나 기준"

채권이든 대출이든 간에 싱가포르에서 지속 가능한 자금조달을 하는 금융기관 및 기업들은 국제적으로 인정된 자발적 원칙이나 기준에 따라 그러한 금융을 수행하여 왔습니다. 예를 들어, 녹색 채권의 경우, 발행회사들은 일반적으로 ICMA의 GBP에 따라 채권 발행을 조정합니다.[51] 사회적 채권의 경우 이에 상응하는 원칙, 즉 'ICMA의 사회적 채권 원칙(Social Bond Principles, 이하 "SBP")'이 있습니다.[52] ACMF가 개발한 AGBS[53]와 아세안 사회적 채권 기준(ASEAN Social Bond Standards, 이하 "ASBS")[54]은 각각 GBP와 SBP의 이전 버전을 모델로 합

---

51) 국제자본시장협회, *녹색 채권 원칙: 녹색 채권 발행을 위한 자발적 프로세스 지침(Green Bond Principles: Voluntary Process Guidelines for Issuing Green Bonds)*(2021년) <https://www.icmagroup.org/assets/documents/Sustainable-finance/2021-updates/Green-Bond-Principles-June-2021-140621.pdf>

52) 국제자본시장협회, *사회적 채권 원칙: 사회적 채권 발행을 위한 자발적 프로세스 지침(Social Bond Principles: Voluntary Process Guidelines for Issuing Social Bonds)*(2021년 6월) <https://www.icmagroup.org/assets/documents/Sustainable-Finance/2021-updates/Social-Bond-Principles-June-2021-140621.pdf>

53) ASEAN 자본시장포럼, *아세안 녹색 채권 기준(ASEAN Green Bond Standards)* (2018년 10월) <https://www.theacmf.org/images/downloads/pdf/AGBS2018.pdf>

니다. 기후 채권의 경우, 부합해야 하는 "이상적 기준(gold standard)"은 기후 채권 이니셔티브(Climate Bonds Initiative, 이하 "CBI")의 기후 채권 기준(Climate Bonds Standard, 이하 "CBS")[55]입니다. CBS는 CBS와 연계된 기후 채권 자금의 허용된 용도를 규정하는 택소노미와 섹터 적격성 기준과 발행 전·후에 승인된 검증기관의 외부 검토 역할을 하는 인증제도를 포함하고 있습니다. 지속 가능 연계 발행회사들은 ICMA의 지속 가능 연계 채권 원칙(Sustainability-Linked Bond Principles, 이하 "SLBP")에 따라 발행을 조정할 수 있습니다.[56]

대출의 경우, 차주는 녹색 대출 원칙(Green Loan Principles, 이하 "GLP")[57], 사회적 대출 원칙(Social Loan Principles, 이하 "SLP")[58] 또는 지속 가능 연계 대출 원칙(Sustainability-Linked Loan Principles, 이하 "SLLP")에 따라 대출을 조정할 수 있으며, 이러한 원칙들은 모두 대출시장협회(Loan Market Association, 이하 "LMA"), 아시아태평양대출시장협회(Asia

---

54) ASEAN 자본시장포럼, *아세안 사회적 채권 기준(ASEAN Social Bond Standards)* (2018년 10월) <https://www.theacmf.org/images/downloads/pdf/ASBS2018.pdf>

55) 기후 채권 이니셔티브, *기후 채권 기준(Climate Bonds Standard)*, 버전 3.0(2019년 12월) <https://www.climatebonds.net/files/files/climate-bonds-standard-v3-20191210.pdf>

56) 국제자본시장협회, *지속 가능 연계 채권 원칙: 자발적 프로세스 지침(Sustain-ability-Linked Bond Principles: Voluntary Process Guidelines)*(2020년 6월) <https://www.icmagroup.org/assets/documents/Regulatory/Green-Bonds/June-2020/Sustainability-Linked-Bond-Principles-June-2020-171120.pdf>

57) 대출시장협회, 아시아태평양대출시장협회, 대출 신디케이션 및 거래 협회, *사회적 대출 원칙: 환경적으로 지속 가능한 경제활동 지원(Green Loan Principles: Supporting Environmentally Sustainable Economic Activity)*(2018년 12월) <https://www.lma.eu.com/application/files/9115/4452/5458/741_LM_Green_Loan_Principles_Booklet_V8.pdf>

58) 대출시장협회, 아시아태평양 대출시장협회, 대출 신디케이션 및 거래 협회, *사회적 대출 원칙(Social Loan Principles)*(2021년 4월) <https://www.lma.eu.com/application/files/1816/1829/9975/Social_Loan_Principles.pdf>

Pacific Loan Market Association, 이하 "APLMA") 및 대출 신디케이션 및 거래 협회(Loan Syndications and Trading Association, 이하 "LSTA")가 공동으로 개발하였으며, 각각 ICMA의 GBP, SBP 및 SLBP의 이전 버전을 모델로 하였습니다.

(1) 녹색 채권 원칙 및 사회적 채권 원칙

녹색 채권, 녹색 대출, 사회적 채권, 사회적 대출과 같이 "자금의 용도"에 초점을 맞춘 금융상품의 구별 요소는 해당 채권이나 대출로부터 발생한 자금의 전부 또는 일부가 신규 또는 기존 녹색 또는 사회적 프로젝트의 파이낸싱 또는 리파이낸싱 용도로만 사용되어야 한다는 것입니다. ICMA는 녹색 채권 및 사회적 채권을 GBP 및 SBP의 4가지 핵심 구성요소에 따라 자금 또는 그에 상응하는 금액의 전부 또는 일부가 각각 신규 및/또는 기존 적격 녹색 및 사회적 프로젝트의 파이낸싱 또는 리파이낸싱 용도로만 사용되는 모든 유형의 채권 상품으로 정의하고 있습니다.

1) 핵심 구성요소

GBP와 SBP는 모두 4가지 핵심 구성요소로 구성됩니다.

① *자금의 용도*

채권의 자금은 각각 적격 녹색 프로젝트, 사회적 프로젝트, 적격 녹색 프로젝트와 적격 사회적 프로젝트가 혼합된 프로젝트에 투입되어야 합니다. 이러한 사용 내용은 증권의 법적 서류에 적절히 기재되어야 합니다(단, 기재한 대로 자금을 사용하지 않는 경우 법적 책임을 부담하도록 요구하는 것은 아닙니다). 지정된 적격 프로젝트는 명확한 환경 및/또는 사회적 혜택을 제공하여야 하며, 이는 발행회사가 평가하고 가능한 경우 정량화합니다.

GBP는 기후 변화 완화, 기후 변화 적응, 자연자원 보존, 생물 다양성 보전, 오염 방지 및 관리와 같은 환경 목표에 기여하는 다양한 녹색 프로젝트에 대한 몇 가지 광범위한 적격성의 범주를 예시(완전한 리스트는 아님)하고 있습니다.

(1) 재생에너지,

(2) 에너지 효율성,

(3) 오염 방지 및 관리,

(4) 살아있는 자연자원 및 토지 이용의 환경적으로 지속 가능한 관리,

(5) 육상 및 수중 생물 다양성,

(6) 청정 운송,

(7) 지속 가능한 물 및 폐수 관리,

(8) 기후 변화 적응, 및

(9) 순환 경제에 적응한 제품, 생산 기술 및 공정, 및/또는 친환경 제품, 녹색 건물

GBP는 어떤 녹색 기술, 표준, 주장 및 선언이 환경적으로 지속 가능한 이익을 위해 최적인지 규정하지 않고, 대신 택소노미 및 명명법을 생성하기 위한 여러 현행 국제적 및 국가적 이니셔티브를 언급하며, 투자자들이 녹색이고 적격한 것으로 간주할 수 있는 항목에 대한 추가 지침을 제공할 수 있는 비교가능성을 보장하기 위하여 이들 간의 매핑(mapping)을 제공합니다. GBP는 또한 다양한 녹색 솔루션 및 환경 관행의 품질에 대하여 독립적인 분석, 조언 및 지침을 제공하는 기관이 많으며, "녹색" 및 "녹색 프로젝트"의 정의는 섹터 및 지역에 따라 달라질 수 있다고 언급하고 있습니다.[59]

SBP는 사회적 채권 시장이 지원하거나 지원할 것으로 예상되는 프

로젝트 유형 중 가장 많이 사용되는 프로젝트 목록을 제시하였습니다. 이러한 프로젝트에는 자산, 투자 및 연구 개발과 같은 기타 관련 내지 지원 지출이 포함됩니다.

(1) 저렴한 기초 기반시설,

(2) 필수적인 서비스에 대한 접근,

(3) 저렴한 주택,

(4) 고용창출 및 사회경제적 위기에 따른 실업을 예방 및/또는 완화하기 위한 프로그램,

(5) 식량 안보 및 지속 가능한 식량 체계, 및

(6) 사회경제적 발전 및 역량 제고.

SBP는 보완 지침으로 사용할 수 있는 이미 시장에 존재하는 사회적 프로젝트를 정의하는 몇 가지 범주와 일련의 기준이 있다는 점에 주목합니다. 사회적 프로젝트의 정의도 섹터 및 지역에 따라 달라질 수 있습니다.

② 프로젝트 평가 및 선정 프로세스

발행회사는 적격 프로젝트의 환경적 지속 가능성 또는 사회적 목적, 프로젝트가 녹색 및/또는 사회적 프로젝트의 적격 범주에 어떻게 부합하는지 결정하는 발행회사의 프로세스, 발행회사가 관련 프로젝트와 관련하여 인지된 사회적 및 환경적 리스크를 식별하고 관리하는 프로세스에 대한 보완적 정보를 투자자에게 명확하게 전달해야 합니다.

---

59) 국제자본시장협회, *녹색 채권 원칙: 녹색 채권 발행을 위한 자발적 프로세스 지침(Green Bond Principles: Voluntary Process Guidelines for Issuing Green Bonds)* (2021), 5면.

③ 자금의 관리

채권의 순자금 또는 이러한 순자금에 해당하는 금액은 하위 계정에 계상되거나, 하위 포트폴리오로 이동되는 등 발행회사가 적절한 방식으로 추적해야 하며, 발행회사가 프로젝트에 대한 발행회사의 대출 및 투자 운영과 관련된 공식적인 내부 프로세스를 통해 입증해야 합니다.

④ 보고

발행회사는 자금의 사용에 대한 최신 정보를 보고하고 쉽게 사용할 수 있도록 해야 합니다. 보고서는 자금이 완전히 배분되는 시점까지 매년 갱신되어야 하며, 중대한 변동 상황이 있는 경우 적시에 갱신되어야 합니다. 이러한 연례 보고서에는 수익금이 배분된 프로젝트의 목록과 프로젝트, 배분된 금액 및 예상되는 영향에 대한 간략한 설명이 포함되어야 합니다. 정성적 성과 지표의 사용과 가능한 경우 정량적 성과 측정 및 정량적 결정에 사용된 주요 기본 방법론 및/또는 가정의 공개가 권장됩니다.

2) 프레임워크

발행회사는 또한 녹색 또는 사회적 채권 프로그램이 GBP/SBP의 4가지 핵심 구성요소에 부합한다는 것을 녹색 또는 사회적 채권 프레임워크 또는 투자자들이 쉽게 접근할 수 있는 형식으로 제공되어야 하는 법률 문서를 통해 설명해야 합니다.

3) 외부 검토

GBP와 SBP는 발행회사가 발행 전 외부 검토를 통해 녹색/사회적 채권 또는 녹색/사회적 채권 프로그램이 GBP/SBP의 4가지 구성요소에 부합하는지 평가할 1인 이상의 외부 검토자(들)를 선임하는 것을 권장합니다(다만, 요구되지는 않습니다). 발행 이후, GBP 및 SBP는 또한 채권 자금의 내부 추적 및 자금 배분을 확인하기 위해 외부 감사인 또는 기타 제3자를 활용하여 발행회사의 자금 관리를 보완할 것을 권장합니다(다만, 요구하지는 않습니다).

(2) 지속 가능 연계 채권 원칙

지속 가능 연계 금융상품의 경우, 대출 또는 채권의 자금이 사용되는 용도는 덜 중요합니다. 대신에 그러한 상품은 발행회사 또는 차주의 지속 가능성 성과를 장려하기 위한 구조입니다. 이는 종종 사전에 결정된 SPT에 대한 차주의 성과에 따라 마진을 재결정하는 형태를 취합니다. ICMA는 지속 가능 연계 채권을 발행회사가 사전에 정의된 지속 가능성/ESG 목표를 달성하는지 여부에 따라 재무적 및/또는 구조적 특성이 달라질 수 있는 모든 유형의 채권상품으로 정의하고 있습니다.

1) 핵심 구성요소

SLBP는 5가지 핵심 구성요소로 구성되어 있습니다.

① *핵심 성과 지표(이하 "KPI")의 선정*[60]

KPI는 다음과 같아야 합니다.

　(1) 발행회사의 전체 비즈니스와 관련이 있고 핵심적이고 중요

---

[60] 국제자본시장협회, *KPI 등록부 예시(Illustrative KPIs Registry)*<https://www.icma-group.org/sustainable-finance/the-principles-guidelines-and-handbooks/sustainability-linked-bond-principles-slbp/>도 참고하시기 바랍니다.

하며 발행회사의 현재 및/또는 장래의 영업에 전략적으로
중요하여야 합니다.

(2) 일관된 방법론을 기초로 하여 측정 가능하거나 정량화될 수
있어야 합니다.

(3) 외부에서 검증가능하여야 합니다.

(4) SPT의 목표로서 수준 평가를 용이하게 하기 위해 벤치마크
될 수 있어야 합니다.

② *SPT의 교정*

SPT는 상당한 수준이어야 (ambitious)합니다. 즉,

(1) 각 KPI의 중대한 개선을 나타내고, "현상 유지(Business as
Usual)" 궤도를 넘어서야 하고,

(2) 가능한 경우 벤치마크 또는 외부 참고자료와 비교될 수 있고,

(3) 발행회사의 전반적인 전략적 지속 가능성/ESG 전략에 부합
하고,

(4) 채권 발행 전 (또는 발행과 동시에) 미리 정의된 일정에 따라
결정되어야 합니다.

달성 목표는 최소한 지속가능한 활동의 EU 택소노미, 중국 목록
(China Catalogue), 파리 협정(Paris Agreement), SDG에 관한 2030 의제(2030
Agenda on SDGs) 등과 같은 공식적인 국가/지역/국제 목표와 일치해
야 하며, 가능한 경우, 그러한 수준을 넘어서는 것을 목표로 하여야
합니다.[61]

---

61) 국제자본시장협회, *지속가능성 연계 채권 원칙 - 관련 질문(Sustainability-Linked
Bond Principles - Related Questions)* (2022년 6월), 5면 <https://www.icmagroup.org/
assets/documents/Sustainable-finance/2022-updates/SLB-QA-CLEAN-and-FINAL-
for-publication-2022-06-24-280622.pdf>. 녹색 채권 및 지속가능성 연계 채권의
발행을 지원하기 위한 EU 택소노미 사용에 관한 10면 및 11면도 참고하시기

③ 채권의 특성

채권에는 트리거 사유(들)와 관련된 재무적 및/또는 구조적 영향이 포함되어야 합니다.

④ 보고

발행회사는 다음 사항을 공개해야 합니다:

    (1) 선정된 KPI의 성과에 대한 최신 정보,

    (2) SPT목표 대비 실제 성과, 채권의 재무 및/또는 구조적 특성에 대한 관련 영향 및 그러한 영향의 시기를 기술한 SPT와 관련된 검증 보증(verification assurance) 보고서; 및

    (3) 투자자들이 SPT의 수준을 모니터링할 수 있도록 하는 모든 정보.

이 보고서는 적어도 연 1회 이상 정기적으로, 그리고 SLB의 재무적 및/또는 구조적 특성의 조정을 초래하는 SPT 성과 평가와 관련된 날짜/기간에 관하여는 수시로 발행해야 합니다.

⑤ 검증

발행회사는 채권에 대한 마지막 SPT 트리거 사유가 발생하기까지 적어도 연 1회 이상, 또한 어떠한 경우에도 채권의 재무적 및/또는 구조적 특성의 잠재적 조정을 초래하는 SPT 성과 평가와 관련된 날짜/기간에 관하여, 각 KPI에 관한 SPT 목표 대비 성과 수준에 대하여 관련 전문성을 갖춘 적격 외부 검토자의 독립적이고 외부적인 검증을 받아야 합니다.

바랍니다.

SPT에 대한 성과 검증은 일반에 공개해야 합니다.

2) 외부 검토

GBP 및 SBP와 달리, SLBP는 발행 후 검증을 요구합니다. GBP 및 SBP와 마찬가지로, 채권이 SLBP의 5가지 핵심 구성요소에 부합하는지 확인할 1인 이상의 외부 검토자(들)를 선임하는 것이 권장됩니다 (다만, 요구되지는 않습니다). SLBP는 또한 외부 검토자들이 발행 전 검토에서 선정된 KPI의 적절성, 견고성 및 신뢰성, 제안된 SPT의 근거 및 수준, 선정된 벤치마크 및 베이스라인의 적절성 및 신뢰성, 및 이를 달성하기 위해 정리된 전략의 신뢰성을 평가하도록 권장합니다 (다만, 요구하지는 않습니다).

외부 검토자들은 SLBP에 의해 자신의 자격 증명과 관련 전문성을 공개하고 수행한 검토의 범위를 명확히 전달하도록 권장됩니다(다만, 요구되지는 않습니다).

3) 싱가포르에서 지속 가능한 자금조달의 도입

MAS의 통계에 따르면 2017년부터 2020년까지 싱가포르에서 발행된 녹색, 사회적 및 지속 가능 채권의 규모는 110억 싱가포르 달러 이상입니다. 2019년과 2020년에 각각 48억 싱가포르 달러 및 38억 싱가포르 달러 상당의 채권이 발행되어 발행물량이 눈에 띄게 증가한 것으로 알 수 있듯이 최근 몇 년 동안 이러한 채권 발행에 대한 발행회사들의 관심이 높아졌습니다. 2017년부터 2020년까지 225억 싱가포르 달러가 넘는 녹색 및 지속 가능 연계 대출이 싱가포르에서 실행되었습니다. 녹색 대출 물량이 계속해서 싱가포르의 지속 가능 대출 시장의 상당 부분을 차지하고 있는 가운데, 2018년 대비 3배 증가함으로써 지속 가능 연계 대출의 증가 모멘텀이 관찰되고 있습니다.[62]

VI. 택소노미

1. 싱가포르의 택소노미

유럽연합(EU) 및 중국 등 전 세계 여러 나라에 택소노미가 수립되었거나 수립되고 있습니다.[63] 싱가포르 택소노미(version 2)는 최근 2년 동안 발표된 아세안,[64] 말레이시아,[65] 필리핀,[66] 및 인도네시아[67] 택소노미 등을 뒤이어 발표되었습니다. DBS 은행도 2020년에 독자적

---

62) 싱가포르 통화청, "활기찬 녹색 금융 생태계(A Vibrant Green Finance Ecosystem)", *2020년/2021년 지속 가능성 보고서(Sustainability Report 2020/2021)* (2021년 6월 9일) <https://www.mas.gov.sg/publications/sustainability-report/2021/sustainability-report/vibrant-green-finance-ecosystem>. 다수의 한국 발행회사를 포함하여 싱가포르 증권거래소에 상장된 녹색, 사회적 및 지속 가능 고정수익증권(지속 가능 연계 채권 포함)에 관한 정보는 싱가포르 증권거래소, "녹색, 사회적 및 지속 가능 고정수익증권(Green, Social & Sustainability Fixed Income Securities)" <https://www.sgx.com/fixed-income/green-social-sustainability-fixed-income-securities>을 참고하시기 바랍니다.

63) Sean Kidney, "택소노미아! 국제 개요(Taxonomia! An International Overview)" (2021년 9월) <https://futureofsustainabledata.com/taxomania-an-international-overview/>.를 참고하시기 바랍니다.

64) 아세안 택소노미 위원회(ASEAN Taxonomy Board), *지속가능한 금융을 위한 아세안 택소노미, 버전 1 (ASEAN Taxonomy for Sustainable Finance, Version 1)* (2021년 11월) <https://asean.org/wp-content/uploads/2021/11/ASEAN-Taxonomy.pdf>.

65) Bank Negara Malaysia, *기후 변화 및 원칙-기반 택소노미(Climate Change and Principle-based Taxonomy)* (2021년 4월) <https://www.bnm.gov.my/documents/20124/938039/Climate+Change+and+Principle-based+Taxonomy.pdf>.

66) Bangko Sentral ng Pilipinas, *필리핀 지속가능한 금융 지도 원칙(The Philippine Sustainable Finance Guiding Principles)* (2021년 10월) <https://www.dof.gov.ph/wp-content/uploads/2021/10/ALCEP-Sustainable-Finance-Guiding-Principles.pdf>.

67) Otoritas Jasa Keuangan, *인도네시아 녹색 택소노미, 에디션 1.0 (Indonesia Green Taxonomy, Edition 1.0)* - 2022 <https://www.ojk.go.id/keuanganberkelanjutan/Uploads/Content/Regulasi/Regulasi_22012011321251.pdf>.

인 택소노미를 발표했는데, 아마도 택소노미를 발표한 세계 최초의
은행일 것이며,[68] 2022년 3월에 약간의 업데이트를 하였습니다.[69]

싱가포르 기반 금융기관들이 녹색 활동 또는 녹색 전환 활동으로
평가될 수 있는 활동을 식별할 수 있도록 하기 위한 택소노미 개발을
위해 제안된 접근방식에 대해 2021년 1월 공개 논의에 이어, GFIT는
2022년 5월, 이 주제에 대한 두 번째 공개 논의를 개시한다고 발표했
습니다.[70]

GFIT가 언급했듯이,

택소노미의 목적은 이해관계자가 녹색 금융, 자금조달 및 투자
와 관련된 정보를 수집할 수 있게 하고, 위험 관리에 대해 더 잘
이해할 수 있도록 하며 견고한 지속 가능성 목표를 충족하는 투자
가 촉진될 수 있도록 '경제 활동 분류'를 위한 공통의 프레임워크를
제공하는 것입니다. 택소노미는 이해관계자가 장기적으로 녹색 또
는 환경적으로 지속 가능한 것으로 분류될 수 있는 금융 상품 및
서비스를 결정할 수 있도록 해야 합니다. 또한, 기업이 자체 경제

---

68) DBS Bank, "DBS 고객이 지속가능성 의제를 발전시키는 데 도움이 되는 세계
최초의 지속가능한 전환 금융 프레임워크 및 택소노미를 출범함 (DBS Laun-
ches World's First Sustainable and Transition Finance Framework and Taxonomy to
help Clients Advance on Sustainability Agenda)" (2020년 6월 29일) <https://www.
dbs.com/newsroom/DBS_launches_worlds_first_sustainable_and_transition_finance_
framework_and_taxonomy_to_help_clients_advance_on_sustainability_agenda>.

69) DBS Bank, *DBS Bank 기업금융그룹(Institutional Banking Group) 지속 가능한 전환
금융 프레임워크 & 택소노미(Sustainable & Transition Finance Framework &
Taxonomy)* (2022년 3월) <https://www.dbs.com/newsroom/DBS_launches_worlds_
first_sustainable_and_transition_finance_framework_and_taxonomy_to_help_clients_
advance_on_sustainability_agenda>.

70) GFIT, *싱가포르 및 ASEAN의 녹색 택소노미 및 관련 기준 식별(Identifying a
Green Taxonomy and Relevant Standards for Singapore and ASEAN)* <https://abs.org.sg/
docs/library/gfit-taxonomy-consultation-paper>

활동과 환경 프로파일을 투명하고 일관성있게 공개할 수 있도록
해야 하며, 이를 통해 관련 주식 및 부채 투자, 금융 및 금융 상품에
대한 투명하고 일관된 분류 및 공개가 가능하게 됩니다. 그렇게 함
으로써, 택소노미는 '친환경적인 경제활동'으로의 분류 및 그린 라
벨 부여 기준에 대한 모호성과 불확실성을 제거함으로써 지속가능
한 제품 및 서비스의 성장을 가능하게 할 것이며, 이는 다시 환경
적으로 지속 가능한 자금조달 및 투자에 대한 수요를 촉진 시킬
것입니다.[71]

GFIT는 또한 "택소노미는 자본이 지속가능한 활동으로 집중 투자
될 수 있도록 해주는 동시에 그렇지 못한 활동으로 자금이 유입되는
것을 억제해 주는 강력한 도구가 될 것"이라고 예상하였습니다.

싱가포르 택소노미의 주요 원칙은 다른 지역 및 국가의 택소노미,
특히 EU 택소노미[72]와 아세안 택소노미[73]와의 상호 운용성입니다.
이와 관련하여, 싱가포르 택소노미의 구조적 토대는 대체로 EU 택소
노미와 일치하지만, 아세안 택소노미에서 채택된 것과 유사하게 전
환을 포함한 분류를 위한 "신호등" 시스템을 도입하는 등 유럽의 분
류방식을 조정하여 동남아시아에서 사용할 수 있는 분류체계를 마련
하기 위한 고유의 접근방식을 채택하였습니다.[74] 싱가포르 택소노미
는 주로 싱가포르 금융기관들을 위한 것이지만 아세안의 여러 금융
기관들을 위한 공통의 언어를 만들어 아세안 택소노미에 기여하기
위한 것이기도 합니다.[75]

---

71) 전게서, 7면.
72) 전게서, 46면.
73) 전게서, 7면.
74) 전게서, 97면.
75) 전게서, 10면.

싱가포르 택소노미 Version 2는 Version 1을 기반으로 합니다. Version 2는 추가 환경 목표를 제안하고 기후 변화 완화라는 환경 목표에 기여하는 에너지, 운송 및 부동산 섹터가 녹색 또는 전환 활동으로 분류되기 전에 충족해야 하는 적격 기준 및 임계치를 소개하고, GFIT가 다음으로 기준과 임계치를 설정할 주요 섹터를 안내합니다.

(1) 환경 목표

GFIT는 5가지 환경 목표를 제안하였습니다[76]:

(a) 기후 변화 완화

(b) 기후 변화 적응

(c) 건강한 생태계 및 생물 다양성 보호

(d) 자원 회복력 및 순환 경제 촉진

(e) 오염 방지 및 통제

(2) 신호등 시스템

녹색, 황색 및 적색 활동에 대해 제안된 정의는 다음과 같습니다:

(a) "녹색" 범주는 탄소 중립으로 운영함으로써 기후 변화 완화에 실질적으로 기여하거나 2050년까지 탄소 중립으로 이동하는 경로에 있는 활동에 적용됩니다. 이러한 경로 및 수반되는 조건 (threshold)은 기후 과학을 기반으로 합니다;[77]

(b) "황색" 범주에는 현재 탄소 중립 경로에 있지 않으나 다음 각호 중 하나에 해당하는 활동이 포함됩니다:

(1) 정해진 시간 내에 녹색 전환 경로로 이행하는 경우; 또는

---

76) 전게서 14면.

77) 전게서, 49면.

(2) 일정한 일몰일을 정하고 단기간에 현저한 배출 감소를 촉진하는 경우.[78]

(c) "적색" 범주는 현재 탄소 중립 궤도와 부합하지 않는 활동을 의미합니다. 이러한 활동에 관하여는 다음 중 하나의 조치를 취해야 합니다:

(1) 배출량(Scope 3포함)을 줄일 수 없는 경우 단계적으로 폐지하거나, 또는

(2) 녹색 전환 경로에 맞게 배출량(Scope 3 포함)을 줄여야 합니다.[79]

(3) 경제활동이 환경목표에 크게 기여하기 위한 기준 및 조건

기후 변화 완화 목표에 기여하는 에너지, 운송, 부동산 섹터 활동에 대한 기준은 싱가포르 택소노미에서 제안되었으며, 나머지 5개의 식별된 중점 섹터[80]에 관한 기준은 택소노미가 향후 갱신되는 경우 추가될 예정입니다.

1) 에너지

에너지 섹터의 신규 프로젝트에 대한 수명 주기 배출 집약도 (emission intensity)는 2022년부터 2035년까지 100 gCO2/kWh 이하로 제한됩니다. 2035년 이후, 배출 집약도 기준은 50 gCO2/kWh이며, 이를 초과하는 배출 집약도는 적색 활동으로 간주됩니다. 황색 활동으로

---

78) 전게서, 50면. 황색 범주는 기존 인프라 및 활동에만 관련되며 일반적으로 신규 프로젝트와 관련되지 않습니다.

79) 전게서, p 51.

80) 전게서, 38면 내지 40면. 제안된 나머지 5개 중점 섹터는 다음과 같습니다: 농업 및 임업/토지 이용; 산업; 정보 통신 기술; 폐기물/순환 경제; 및 탄소 포집 및 격리.

인정받기 위해 제안된 기준은 2022년부터 2025년까지는 350 gCO2/kWh에서 시작하여 2030년부터 2035년까지는 150 gCO2/kWh로 하향 조정됩니다. 신규 프로젝트 및 활동과 고형 화석 연료 프로젝트/활동에는 황색 범주가 적용되지 않습니다. 프로젝트/활동은 또한 고탄소 기술에 의존하여서는 안됩니다.[81]

2) 운송

녹색 활동으로 인정받으려면 운송 섹터 활동에서 직접적인 배기관 배출이 없어야 합니다. 황색 범주는 배출 제로 대안이 존재하지 않는 대형 차량, 해상 및 연안 해상 운송, 및 항공 운송에만 적용될 수 있습니다. 이 범주에서 도로 화물 운송은 업계 내 최고 수준 이상이어야 하며, 해상 운송 및 항공 운송은 전환 경로 이니셔티브(Transition Pathways Initiative)에서 설정한 전세계적으로 관련된 섹터별 탈탄소화 목표에서 설정한 임계치인 1.5oC를 충족해야 합니다.[82]

3) 부동산

건물 신축, 기존 건물 개조, 부동산 취득/소유에 대한 배출 집약도 임계치는 Green Mark 2021 인증[83]을 주요 출발점으로 사용하여 적절한 시기에 싱가포르의 전환 경로에 따라 설정될 예정입니다 - 모든 수준의 Green Mark 인증 건물은 녹색 활동에 해당합니다. 현재 사용되고 있는(신규는 아님) 건물의 개조는 배출량 또는 에너지 소비가

---

81) 전게서, 55면과 56면.

82) 전게서, 57면과 58면.

83) 싱가포르 건설청(Building Control Authority), "Green Mark 2021"을 참고하시기 바랍니다 <https://www1.bca.gov.sg/buildsg/sustainability/green-mark-certification-scheme/green-mark-2021>.

30% 감소되는 경우 2030년까지는 황색 범주에 해당할 수 있습니다. 화석 연료를 직접 사용하는 건물은 (에너지에서 화석 연료 처리와 마찬가지로) 적색 범주로 분류됩니다.[84]

(4) 중대한 피해를 입히지 않고 최소한의 사회적 안전장치 준수

해당 활동이 지속 가능한 것으로 간주되기 위해서는 다음 사항도 충족해야 합니다.

(a) 다른 환경 목표에 중대한 피해를 주지 않아야(Do no significant harm, 이하 "DNSH") 합니다.

GFIT는 DNSH 기준이 기후 변화 완화 및 기타 환경 목표와 관련된 싱가포르의 환경 규정과 연결될 것을 권장했으며 향후 택소노미 버전 갱신 시 추가 DNSH 기준을 개발할 수 있는 가능성을 열어두었습니다.[85]

(b) 최소한의 사회적 안전장치(minimum social safeguards, 이하 "MSS")를 충족해야 합니다.

기업들은 MSS 요건, 즉 OECD 다국적 기업에 관한 지침(OECD Guidelines on Multinational Enterprises)[86]과 유엔 기업과 인권 이행 원칙 (United Nations Guiding Principles on Business and Human Rights)[87]의 준수를 충족[88]하고, 국제노동기구 핵심노동협약(the International Labour Organi-

---

84) 전게서, 59면.

85) 전게서, 52면.

86) 경제협력개발기구(Organisation for Economic Co-operation and Development), *다국적 기업 지침(Guidelines for Multinational Enterprises)* (2011년) <http://dx.doi.org/ 10.1787/9789264115415-en>.

87) *유엔 기업과 인권 이행 원칙(United Nations, Guiding Principles on Business and Human Rights)* (2011년) <https://www.ohchr.org/sites/default/files/documents/publications/ guidingprinciplesbusinesshr_en.pdf>.

sation Core Labour Conventions)을 구체적으로 언급하는 방식으로 활동을 수행하여야 합니다.[89]

(5) 다음 단계

GFIT는 기후 변화 완화 환경 목표를 위한 나머지 중점 섹터의 활동 수준 기준 및 조건(threshold)에 대한 작업을 개시할 예정입니다. 이는 오는 2022년 말에 논의를 위해 공개될 예정입니다. 현재 및 다음 논의에 대한 피드백을 반영하는 마지막 택소노미 문서는 2023년에 공개될 예정입니다.[90] GFIT는 택소노미의 향후 버전에 나머지 목표도 포함될 수 있음을 시사하였습니다.[91]

GFIT는 금융기관들에게 2023년부터 택소노미 부합 여부에 대한 보고를 시작할 것을 요구하고 있습니다. 초기 단계에서는 택소노미 분류에 따라 적격한 투자를 식별한 다음 서로 다른 택소노미 분류(녹색, 황색 및 적색)에 부합하는지 여부를 결정할 수 있습니다. 그런 다음 계속해서 자사의 투자, 상품 또는 거래 범위가 택소노미 및 투자가 기여하는 환경 목표에 부합하는 정도에 대해 보고해야 합니다.[92]

2. 아세안 지속 가능 금융 택소노미

제7차 아세안 재무장관 및 중앙은행 총재회의에서 장관들과 총재

---

88) 전게서, 99면.

89) 녹색 금융 산업 태스크포스, *싱가포르 및 아세안을 위한 녹색 택소노미 및 관련 기준 식별(Identifying a Green Taxonomy and Relevant Standards for Singapore and ASEAN)* (2022년 5월), 119면과 120면.

90) 전게서, 124면.

91) 전게서, 110면.

92) 전게서, 104면과 105면

들은 지속가능한 금융을 위한 아세안 택소노미(ASEAN Taxonomy for Sustainable Finance)를 개발하기 위해 ACMF, 아세안 보험규제기관회의 (ASEAN Insurance Regulators Meeting), 아세안 금융통합 고위급위원회 (ASEAN Senior Level Committee on Financial Integration), 아세안자본시장개발 실무위원회(ASEAN Working Committee on Capital Market Development)의 공동 이니셔티브 출범을 환영했습니다. 이러한 택소노미는 모든 아세안 회원국(ASEAN Members States, 이하 "AMS")에 대한 포괄적인 지침으로서, 각 국가의 지속 가능성 방침을 보완하고 지속 가능 금융을 위한 아세안의 공통 언어가 될 것입니다. 장관들 및 총재들은 아세안 택소노미 위원회(ASEAN Taxonomy Board)의 설립도 승인하였으며, 동 위원회는 그들의 감독을 받게 되고, 모든 AMS의 대표들(MAS의 임원 2인을 포함[93])로 구성되며, 아세안의 필요와 국제적 열망과 목표를 고려하는 다계층적 택소노미를 개발, 유지 및 촉진하는 것을 목적으로 합니다.[94]

아세안 택소노미 위원회는 주요 이해관계자들과의 논의를 위해 2021년 11월 아세안 택소노미 버전 1을 발표했습니다. 수렴된 의견은 아세안 택소노미의 추가 개발에 활용될 것입니다.

(1) 다계층적(Multi-tiered) 택소노미

아세안 택소노미는 서로 다른 아세안 경제, 금융 시스템, 및 전환경로를 충족하는 AMS에 대한 포괄적인 지침을 제공하기 위한 것입

---

93) Sustainable Finance Institute Asia, "아세안 택소노미 위원회(The ASEAN Taxonomy Board" <https://www.sfinstitute.asia/the-asean-taxonomy/>.

94) "제7차 아세안 재무장관 및 중앙은행 총재 회의(AFMGM) 공동 성명(Joint Statement of the 7th ASEAN Finance Ministers and Central Bank Governors' Meeting (AFMGM)", 화상회의, 2021년 3월 30일 <https://asean.org/wp-content/uploads/Joint_Statement_of_the_7th_AFMGM.pdf>를 참고하시기 바랍니다.

니다. 이러한 차이를 고려하여 다계층적 프레임워크로서 개발되었습니다. 이러한 택소노미는 2가지 주요 요소로 구성됩니다.

  (a) 모든 AMS, 금융 섹터의 이해관계자 및 기업에 적용되고 활동에 대한 정성적인 평가가 가능한, 원칙에 입각한 기반 프레임워크 (Foundation Framework, 이하 "FF"), 및

  (b) 적격 녹색 활동 및 투자를 보다 세분화하고 벤치마킹하기 위한 지표와 조건(threshold)이 포함된 추가 기준(Plus Standard, 이하 "PS").

이러한 다계층적 프레임워크 하에서 경제활동은 다음의 6가지 방법 중 하나로 분류될 수 있습니다.

  (a) 녹색 FF: 녹색 기반 프레임워크(Green Foundation Framework)

  (b) 황색 FF: 황색 기반 프레임워크(Amber Foundation Framework)

  (c) 적색 FF: 적색 기반 프레임워크(Red Foundation Framework)

  (d) 녹색 PS: 녹색 추가 기준(Green Plus Standard)

  (e) 황색 PS: 황색 추가 기준(Amber Plus Standard)

  (f) 적색 PS: 적색 추가 기준(Red Plus Standard)[95]

(2) 환경 목표

아세안 택소노미의 환경 목표는 국가의 환경법령에 따라 모든 AMS에 보편적으로 적용가능하도록 고안되었습니다. 이러한 환경 목표는 다음과 같습니다.

  (a) 기후 변화 완화

  (b) 기후 변화 적응

  (c) 건강한 생태계 및 생물 다양성의 보호

  (d) 자원 회복력 및 순환경제 전환 촉진[96]

---

95) ASEAN 택소노미 위원회, *지속 가능 금융을 위한 아세안 택소노미 버전 1 (ASEAN Taxonomy for Sustainable Finance Version 1)*, 40면.

(3) 필수적 기준

환경 목표 중 하나 이상을 충족하는 것과 별개로, 활동은 다음 각
호의 필수 기준을 충족해야 합니다.

(a) DNSH, 즉, 경제 활동은 다른 환경 목표에 중대한 피해를 끼치
지 않아야 합니다. 향후 DNSH 기준을 개발함에 있어, 아세안은
EU 등 다른 지역에서 진행되는 유사 활동 현황을 참고할 것입
니다.

(b) 전환을 위한 개선 노력(remedial efforts)의 존재. 기후 및/또는 환
경 영향을 완화하기 위해 제안된 조치는 처음부터 리스크와 영
향을 예상하고 방지해야 하며, 방지가 불가능한 경우, 리스크와
영향을 허용 가능한 수준으로 최소화하거나 줄여야 합니다. 평
가의 깊이와 폭은 사업 운영 규모에 비례해야 합니다. 리스크와
영향을 줄이기 위해 취하는 모든 개선 조치는 사업체 또는 활
동 수준에서 가능한 한 그러한 리스크와 영향이 발생한 장소
및 시간에 근접하도록 취해야 합니다.[97]

(4) 프레임워크 기반 분류 시스템(Framework Foundation Classification System)

따라서 프레임워크 기반 내의 분류 시스템은 위와 같은 기준에 따
라 경제활동을 녹색, 황색, 적색으로 분류하고 있습니다.

(a) 녹색 FF 활동은 하나 이상의 환경 목표와 DNSH 기준을 충족합
니다.

---

96) 전게서, 23면 내지 26면.
97) 전게서, 28면과 29면.

(b) 황색 FF 활동은 환경 목표 중 하나 이상을 충족하지만 DNSH 기준을 충족하지 못합니다. 그러나, 이러한 활동은 전환을 위한 개선 노력 기준은 충족합니다.

(c) 적색 FF 활동은 DNSH 기준 및 전환을 위한 개선 노력의 기준을 충족하지 못합니다.[98)]

(5) 추가 기준(Plus Standard)

추가 기준은 AMS가 적격 녹색 활동 및 투자에 대한 자격을 추가로 취득하고 벤치마킹할 수 있는 추가 지침과 범위를 제공합니다. 추가 기준은 또한 아세안 택소노미의 적용 대상이 되는 활동의 추가 기준 범주를 결정하기 위해 특정 활동-수준의 기술 심사 기준을 설정합니다. 초기 단계에서 추가 기준은 환경 목표 달성에 중요한 ISIC를 기반으로 한 중점 섹터의 경제 활동을 포함할 것입니다. 다른 섹터에 대한 지표와 조건은 ASEAN 택소노미의 후속 버전에서 개발될 예정입니다.

(6) 중점 섹터

이 단계에서 기후 변화 완화를 주요 고려사항으로 중점적으로 실행하기 위해 식별된 우선순위 및 활성화된 섹터는 다음과 같습니다.

(a) 농업, 임업, 및 어업,

(b) 제조업,

(c) 전기, 가스, 증기 및 냉난방 공급,

(d) 운송 및 보관,

(e) 건설 및 부동산 활동,

---

98) 전게서, 42면과 43면.

(f) 수도 공급, 배수처리, 폐기물 관리 및 정화 활동,

(g) 정보통신업,

(h) 전문, 과학 및 기술 활동, 및

(i) 탄소 포집, 사용 및 저장.[99]

(7) 추가 기준의 적층 분류 시스템(Stacked Classification System)

추가 기준 내 분류 시스템은 특정 활동을 분류체계의 환경 목표에 대한 기여도를 기준으로 녹색, 황색 또는 적색으로 평가 및 분류할 수 있는 메커니즘을 제공합니다. 경제활동의 분류는 다음 단계의 택소노미 개발 단계에서 개발될 기준과 조건에 따릅니다. 본 문서에서 앞부분에 명시된 환경 목표 중, 이 단계에서 활동이 어떻게 분류되는지를 규율하는 주요 목표는 기후 변화 완화입니다. 이후 단계에서는, 다른 환경 목표도 분류 과정에 편입될 수 있습니다.

이러한 활동을 분류할 목적으로 활동-수준 임계치를 개발할 때 "적층 접근방식(stacked approach)"이 사용됩니다. 이는 각 활동에 대해 단일 시점에서 참조할 수 있는 환경 성과의 조건이 하나 이상이 있을 수 있음을 의미합니다. 이는 아세안 전역에서 특정 활동을 수행하는 법인들의 다양한 초기 수준을 고려하고, 아세안 내 및 기타 국제 택소노미와의 상호운용성을 지원하기 위한 것입니다. 이러한 접근방식은 제한된 기간 동안 각 활동에 대한 환경 성과에 대한 보다 완화된 진입 및 중간 조건을 할당하면서, 고급 조건으로의 경로를 따라 최고 수준의 환경 성과를 향해 진행할 것을 장려합니다. 기후 변화 완화에 중점을 둔 아세안 택소노미 버전 1의 경우 진입 및 중간 단계에서의 AMS에서 활동의 탈탄소화 속도는 2050년 및/또는 파리협약에 따른

---

99) 전게서, 37면과 38면.

글로벌 순 제로(global net zero)에 부합하는 높은 수준의 조건을 구비할 수 있는 기한이 있는 구속력 있는 탈탄소화 경로를 따라야 합니다.[100]

3. 택소노미 변화의 의의

싱가포르에 기반을 둔 금융기관들을 위한 택소노미와 아세안 택소노미 수립의 동향은 이러한 택소노미가 적절한 시기에 기업들의 주요 ESG 요소 보고, 금융기관들의 환경 리스크 관리의 식별, 평가, 관리 및 공시, 녹색 투자 및 금융상품의 정의 및 라벨링 등 녹색 금융을 위한 규제 환경의 근본적인 토대가 될 것이므로 면밀히 관찰해야 합니다.

VII. 결론

이 장에서는 싱가포르의 규제 환경이 다음을 통해 데이터(data), 정의(definition) 및 공시(disclosure)라는 3가지 D를 강화하여 지속 가능성에 대한 민간 자금 조달을 촉진하는 방식을 고려하였습니다.

(a) 상장 발행회사들이 각 주요 ESG 요소와 관련된 주요 ESG 관련 리스크 및 기회, 전략, 정책, 관행 및 성과, 목표 및 독립적으로 검증된 ESG 관련 데이터를 비교가 용이한 통합 보고서 형식을 사용하여 공시함.

(b) ESG 소매 펀드가 투자 선정 기준, ESG 전략과 관련된 리스크 및 제한사항, 및 펀드의 ESG 관련 성과를 공개함.

---

100) 전게서, 45면 내지 47면.

ⓒ 금융기관들이 감독을 위한 거버넌스 및 전략, 리스크 관리 프레임워크 및 고객, 자산, 투자, 거래 및 인수 활동의 환경 리스크와 관련된 환경 리스크 정보를 공개함.

ⓓ 차주 및 채권 발행회사들의 자산 및 비즈니스 활동의 환경 성과를 개선하기 위한 프레임워크 개발 및 외부 검토의 채택, 및 채권 및 대출금의 사용에 대한 외부 검토 및 관련 자료.

ⓔ 경제활동을 지속 가능, 전환 중 또는 지속 가능성이 없는 것으로 분류하기 위한 정량적, 정성적 정의 및 조건에 관한 택소노미 개발.

지난 몇 년간의 짧은 기간 동안 싱가포르는 싱가포르 및 기타 지역에서 녹색 전환(green transition)을 위한 민간 자금 조달을 장려하고 안내하기 위해 규제 환경을 빠르게 재편하려고 노력했으며, 이러한 재편은 전세계가 처한 심각한 환경 조건과 긴급한 글로벌 조치가 필요하다는 것에 대한 압도적인 증거가 계속 쏟아져 들어옴에 따라 가속화되고 강화될 것으로 보입니다. 이와 같이 급변하는 상황과 이에 신속하게 대응하기 위한 규제환경 재편은, 그 밖의 다양한 대응 조치 및 많은 사람들의 집단적 노력과 더불어, 세계가 악화되는 환경위기를 완화하고 적응하기 위해 경로를 충분히 변경할 수 있고, 그 과정에서 역사의 올바른 편에 있는 선견지명이 있고 민첩한 투자자와 기업에게 기회를 만들어 줄 수 있다는 희망을 줍니다.

International
Disputes

싱가포르의 국제분쟁해결절차

Kim & Chang

노현식 · 박혜민

제1절 들어가며

최근 들어 싱가포르가 비단 아시아뿐 아니라 전세계 국제분쟁해결의 중심지로 자리매김하였다는 데에 큰 이견이 없다. 영국 Queen Mary 대학이 2021년에 실시한 국제중재 관련 설문조사에 따르면 국제중재의 당사자들이 가장 선호하는 중재지로 런던과 함께 싱가포르가 1위로 선정되었고,[1] 당사자들이 가장 선호하는 국제중재기관으로는 파리의 국제상업회의소(International Chamber of Commerce, "ICC")의 뒤를 이어 싱가포르 국제중재센터(Singapore International Arbitration Centre, "SIAC")가 2위로 선정되었다.[2] 이는 싱가포르 정부가 입법과 중재시설에 대한 재정 지원을 통하여 국제분쟁 산업 활성화를 적극 지원해 온 결과로 평가되고 있다.

싱가포르가 최근 국제중재 기타 국제분쟁 플랫폼의 발전을 위해 추진한 주요 사업 연혁을 간략히 요약하면 아래와 같다:

- 2009: 2006년 UNCITRAL 모델중재법을 반영하여 싱가포르 국제중재법(International Arbitration Act) 개정. SIAC 개편.
- 2010: 국제중재 심리시설인 Maxwell Chambers 개소. SIAC 중재규칙 4차 개정(긴급중재인 및 신속중재절차 제도 등 도입).
- 2013: SIAC 중재규칙 5차 개정(SIAC 내 Court of Arbitration을 Board of Directors와 분리하여 신설).
- 2014: 싱가포르 국제조정센터(Singapore International Mediation Centre, "SIMC") 설립.
- 2015년: 싱가포르 국제상사법원(Singapore International Commercial Court,

---

1) https://arbitration.qmul.ac.uk/research/2021-international-arbitration-survey/

2) https://arbitration.qmul.ac.uk/media/arbitration/docs/LON0320037-QMUL-International-Arbitration-Survey-2021_19_WEB.pdf

"SICC") 개원.

- 2016: SIAC 중재규칙 6차 개정(다수계약 분쟁에서의 사건의 병합, 추가 당사자 참가, Early dismissal 제도, 중재지 임의화 등).
- 2017: ICC 싱가포르 사무소 설립.
- 2019: Maxwell Chambers 확장(11개 국제중재기구, 20개 barrister chambers 입주).
- 2020: '조정에 의한 국제화해합의에 관한 국제연합 협약(United Nations Convention on International Settlement Agreements Resulting from Mediation, "싱가포르 조정 협약")' 발효.[3] 현재 55개국이 서명하고 총 10개국이 비준.

제2절 싱가포르와 국제중재

I. 개관

싱가포르가 국제분쟁 산업의 중심지로 자리매김하는데 가장 큰 역할을 한 것은 바로 싱가포르가 "국제중재"의 중심지로 자리잡기 위해 노력한 결과라는 평이 지배적이다. 싱가포르는 법제도를 정비하여 자국을 보다 국제중재 친화적(arbitration friendly)인 국가로 변모시켰고 더 나아가 싱가포르의 중재기구을 적극적으로 지원하고 육성해왔다. 이하에서는 싱가포르 중재 관련 법령 및 최근 입법 논의, 싱가포르 중재기관에 대하여 간략히 설명하도록 한다.

---

3) https://www.singaporeconvention.org/jurisdictions

II. 싱가포르 중재 관련 법령[4]

1. 싱가포르 중재법

단일한 중재법을 두고 있는 대한민국과 달리, 싱가포르의 중재법은 국내 중재에 적용되는 중재법(Arbitration Act, "AA")과 국제중재에 적용되는 국제중재법(International Arbitration Act, "IAA")으로 나뉜다. IAA에 따르면 (i) 중재합의 체결 당시 중재합의의 당사자 중 적어도 1인이 싱가포르를 제외한 국가에 사업장을 두고 있는 경우, (ii) 중재합의 등에 의하여 결정되는 중재지, 채무의 상당 부분이 이행될 곳, 또는 분쟁의 대상과 가장 밀접한 관련이 있는 곳 중 한 곳이 당사자들이 사업장을 두고 있는 국가 외에 위치하고 있는 경우, (iii) 당사자들이 중재합의의 주된 사항이 하나 이상의 국가와 관련되어 있다는 점에 대하여 명시적으로 합의한 경우 등 한 가지 해당사항이 존재하기만 하면 '국제중재'에 해당하여 IAA가 적용된다. 물론 위 어느 하나에 해당하지 않는 경우라도 당사자들이 IAA를 적용하기로 합의하는 것도 가능하다(IAA 제5조 제1항, 제2항).

IAA와 AA의 가장 큰 차이는 싱가포르 현지 법원의 중재절차에 관한 사법적 관여를 어느 수준으로 허용하는가에 있다. IAA가 적용되는 국제중재의 경우는 법에 규정된 예외적인 경우를 제외하고는 싱가포르 현지 법원의 중재절차에 대한 관여를 최소화시키고 있다. 싱가포르 현지 법원은 중재절차에 최소한으로 개입한다는 이상(minimal curial intervention)을 따른다. IAA에서는 국제중재절차가 개시되는 경우 법원에서 진행 중인 절차가 중단되도록 하고 있는 반면(IAA 제6조),

---

4) 싱가포르 중재 관련 법령에 대한 내용은 Getting the deal through, Lexology, 2021 (Work areas: Arbitration, Jurisdictions: Singapore, Sections: Laws and institutions)을 참고하여 작성하였다.

AA가 적용되는 국내중재에서는 법원에 진행 중인 절차의 중단 여부를 결정할 수 있는 재량을 주고 있다(AA 제6조). 또한, AA가 적용되는 국내중재의 경우 중재판정상 법률적 쟁점에 대하여 법원에 항소가 가능하나(AA 제49조), 국제중재의 경우는 이를 근거로 이의를 제기할 수 없다.

싱가포르는 1986년에 외국중재판정의 승인과 집행에 관한 뉴욕협약(New York Convention on the Recognition and Enforcement of Foreign Arbitral Awards, "뉴욕협약")에 가입하였는데, 이 점은 IAA에도 언급되어 있다(IAA, Second Schedule). 또한 UNICTRAL 모델법의 내용 중 중재판정의 승인과 집행을 규정하고 있는 VIII장을 제외하고는 싱가포르에서도 유효하다는 점 역시 명시되어 있다(IAA 제3조).

2. 싱가포르 중재 관련 최근 입법

IAA는 최근에도 개정되어 2020년 12월 1일부로 개정 IAA가 시행되었고, 크게 두 가지 내용이 추가되었다.[5]

첫번째로 다수당사자 중재(하나 이상의 신청인 혹은 피신청인이 있는 경우의 중재)에서의 중재인 선임 절차에 관한 규정이다. 개정 IAA에 따르면 다수당사자 중재를 중재인 3인으로 구성된 중재판정부에 의해 진행하기로 한 경우 (1) 신청인들 또는 피신청인들이 각 공동으로 신청인측 또는 피신청인측 중재인을 지명하고, (2) 당사자들에 의해 선임된 2인의 중재인들이 공동으로 의장 중재인 선임하도록 하면서, 만약 이 중 하나라도 정해진 기한 내에 이뤄지지 못하는 경우 해당 중재절차 내에서의 임명 권한을 갖는 기관(예: SIAC 법원 의장)이 선임

---

5) https://sso.agc.gov.sg/Acts-Supp/32-2020/Published/20201111?DocDate=20201111 ;
https://www.allenovery.com/en-gb/global/news-and-insights/publications/amend-
ments-to-the-singapore-international-arbitration-act-come-into-force

하도록 규정하고 있다(IAA, Section 9B).

두번째로 추가된 것은 중재판정부 및 싱가포르 고등법원의 기밀유지 의무 집행 권한에 관한 규정이다. 개정 IAA에 따르면 중재사건에 관한 기밀유지의무가 당사자들의 서면 합의, 법률상, 혹은 중재규칙상 존재하는 것인지를 불문하고 중재판정부 및 싱가포르 고등법원이 이를 집행할 수 있는 권한을 갖는다(IAA Section 12(1)(j) 및 12(A)(2)). 다만, IAA에 의해 새로운 기밀유지의무가 부여되는 것은 아니며, 이미 존재하는 기밀유지의무의 이행을 담보하기 위한 장치가 추가된 것이라는 점을 유념할 필요가 있다.

3. 제3자 자금지원 제도 관련 입법

제3자 자금지원 제도(third party funding)란 분쟁당사자가 아닌 제3자가 추후 승소 시 대가를 받을 것을 기대하며 소송비용 등 자금을 지원하는 것을 의미한다. 중재사건이 복잡해지고 사건 규모가 커지면서 자연스럽게 중재절차에 소요되는 비용 또한 증가하게 되었는데, 해당 비용을 조달하고 위험을 분산시키고자 하는 수요가 증가한다는 점을 고려하여 이를 허용하는 취지의 입법을 한 것이다. 싱가포르는 최근 중재절차에서 제3자 자금지원을 명시적으로 허용하는 취지의 입법을 했다.

싱가포르의 경우 과거에는 doctrines of maintenance and champerty에 의해 소송 또는 중재의 당사자가 아닌 제3자에 의한 자금지원이 금지되었지만, 2017년 3월부터 시행된 Civil Law(Amendment) Act 및 Civil Law(Third Party Funding) Regulations에 의하여 입법을 통해 제3자 자금지원을 허용하였다. 싱가포르에서도 이러한 제3자 자금지원이 무조건적으로 허용되는 것은 아니고 일정한 제한 하에 허용된다. 먼저 자금지원자(third party funder)의 자격과 관련하여, 자금지원을 주된 사업으로 하며 일정한 자본금을 갖춘 전문 펀드에 한정하여 자금지원을 허용하고 있다. 나아가, 2015년 Amendments to the Legal Profession(Professional Conduct) Rules에 따라, 관련 사건의 변호인 등은 중재판정부 또는 법원, 절차의 모든 당사자 등에게 제3자 자금지원 계약의 존재 및 자금지원자 등의 정보를 공개할 의무가 있다.[6]

당초 제3자 자금지원은 국제중재절차에 대해서만 허용되었으나, 2021년 6월부터는 싱가포르 국내중재, 일부 SICC 법원 소송 및 조정에 관하여서도 허용되는 것으로 확대되었다[7]

4. Conditional Fee Agreement 관련 입법

싱가포르에서는 과거부터 변호사들이 싱가포르에서 각종 소송, 중재 등의 업무를 수행하면서 고객과 성공보수 약정을 하는 것을 허용하지 않았다. 그러나 성공보수 약정을 선호하는 분쟁 당사자의 증가, 성공보수 약정을 허용하는 주변국 등 시장 상황을 고려하여, 싱가포르 내에서도 최근 몇 년간 성공보수 약정의 허용에 관한 논의가 있어왔다.

그 결과 싱가포르 법무부는 2022년 1월 12일자로 Legal Profession Act 1966의 개정안을 발표하였고, 2022년 5월 4일부터 일정한 제한하에 조건부 수수료계약(Conditional Fee Agreement, "CFA")을 체결할 수 있게 되었다.[8] CFA는 모든 경우에 적용되는 것은 아니며, 국제 및 국내 중재 절차, SICC의 특정 절차 및 관련 법원 및 조정 절차에서만

---

6) 2015년 Amendments to the Legal Profession(Professional Conduct) Rules 제49A조

7) https://www.mlaw.gov.sg/news/press-releases/2021-06-21-third-party-funding-frame-work-permitted-for-more-categories-of-legal-preceedings-in-singapore

8) https://www.mlaw.gov.sg/news/press-releases/2022-04-29-framework-cfas-in-singapore-commence-4-may-2022

허용이 된다.9) 아울러, 싱가포르에서 허용되는 CFA는 우리나라 민사소송에서 널리 활용되고 있는 성공보수 약정보다는 그 범위가 제한적이다. 최종 승소금액에 일정 비율을 적용하여 지급하도록 하는 취지의 성공보수 약정은 허용되지 않고, 사건의 승패에 따라 추가 보수를 받을 수 있는지 여부를 결정할 수 있도록 하고 있다.

CFA 약정의 구체적인 내용 및 절차 등은 Legal Profession (Conditional Fee Agreement) Regulations10)에서 다루고 있는데, CFA를 체결할 때도 고객에게 CFA 약정에 대한 정보(CFA의 특성 및 어떻게 운영되는지 등)를 제공해야 한다는 점, CFA 약정에 구체적으로 포함되어야 할 사항(예컨대, uplift fee에 대한 내용, 약정을 변경하는 절차 등)이 상세히 규정되어 있다.

Ⅲ. 싱가포르 중재 관련 기관 및 규칙

1. 중재 기관 - Singapore International Arbitration Centre ("SIAC")11)

SIAC은 1991년 7월 설립된 싱가포르의 대표적인 중재기관으로 독립적 비영리기관이다. 싱가포르 경제개발위원회 및 무역개발위원회가 싱가포르를 국제분쟁의 허브로 만들기 위한 정책의 일환으로 유한보증회사의 형태로 SIAC을 설립하였다.

SIAC은 개별 중재 사건의 수행과 관련된 모든 행정 업무를 처리하는데, 구체적 업무는SIAC의 사무국과 중재법원에서 담당한다. 구체

---

9) https://www.mlaw.gov.sg/news/press-releases/2022-04-29-framework-cfas-in-singapore-commence-4-may-2022#fn1

10) Legal Profession (Amendment) Act 2022 - Singapore Statutes Online (agc.gov.sg)

11) SIAC 홈페이지; 사법정책연구원, "중재 활성화를 위한 법원의 역할" (2018. 4.30); 한국공정거래조정원, "분쟁조정제도 관련 해외현지조사 싱가포르 방문 결과보고" (2019.10)

적으로 SIAC 사무국은 중재 절차의 진행, 비용 및 보수의 산정, 중재 판정문 검토 등 사건을 관리하는 업무를 하면서 SIAC 중재법원의 기능을 보조한다. SIAC 중재법원은 중재인의 선정, 중재인에 대한 기피 및 관할에 대한 이의신청에 대한 결정, 중재판정에 대한 검토, 개별 사건의 관리 전반에 대한 감독 등의 업무를 수행한다.

SIAC는 SIAC 중재규칙에 따라 접수되는 사건뿐만 아니라, 사전에 중재기관이 합의되지 않은 ad-hoc(임의) 중재의 행정처리를 담당하기도 하고 또 UNICTRAL 중재 사건에서 중재인을 선임하는 역할을 담당하기도 한다. 나아가 SIAC 규칙이 적용되는 사건뿐만 아니라 UNCITRAL 중재규칙이 적용되는 중재 사건도 처리하고 있다. 이와 더불어 SIAC은 아시아 최초로 긴급중재인 제도를 도입하고 개선해 오거나 신속 중재절차를 확대하는 등 중재의 비용 절감 및 효율성을 높이기 위한 노력을 계속하고 있다. SIAC는 2017년에 투자조약 중재를 위한 투자중재규칙도 발표하였다. SIAC는 또한 SIAC 규칙에 따른 투자분쟁 절차를 진행하였고, UNCITRAL 중재규칙에 따른 투자분쟁에서 선정기관으로도 기능하였다. 12)

2020년 한해 SIAC에 접수된 신규사건의 수는 1,080건이었고 총 분쟁가액은 미화 80억 달러를 초과했다.13) 2021년 에는 총 469개의 신규 사건이 접수되었다(총 분쟁가액 미화 60억 달러 초과).14) 이는 사건수 기준 1위를 기록해온 ICC 다음으로 높은 수치이며, LCIA, HKIAC 등 다른 유수의 중재기관의 실적을 뛰어 넘는 것이다.

---

12) https://www.siac.org.sg/faqs/siac-general-faqs#faq06

13) SIAC Annual Report 2020 (https://www.siac.org.sg/images/stories/articles/annual_report/SIAC_Annual_Report_2020.pdf)

14) SIAC Annual Report 2021 (https://www.siac.org.sg/images/stories/articles/annual_report/SIAC-AR2021-FinalFA.pdf)

2. SIAC 중재규칙

SIAC 중재규칙은 1976년 UNCITRAL 중재규칙을 기초로 하고 1985년 런던국제중재법원규칙(LCIA Rules)을 참고하여 1991년에 제정되었다. 그 이후 여러차례 개정되었는데, 현행 규칙은 2016년 8월 1일부터 시행되고 있는 2016년 SIAC 규칙(6차 개정본)이다. 2010년 이후에 총 3차례의 개정이 있었는데, 특히 2010년에 이루어진 4차 개정에서는 신속중재절차의 도입(규칙 제5조) 등 주요 변경이 이루어졌다.

가장 최근에 있었던 2016년 6차 개정의 주요 내용을 간단히 살펴보면 아래와 같다:15)

- 다수계약 분쟁에서의 사건의 병합(Multi-contract Disputes and Consolidation, 규칙 제6조 및 제8조): 기존에는 당사자들 합의로만 병합이 가능했던 것과는 달리 개정된 규칙에서는 병합이 가능한 구체적 상황 및 요건들을 정하여 중재판정부 및 SIAC에게 사건 운영에 재량을 주고 있다.

- 추가 당사자 참가(Joinder of Additional Parties, 규칙 제7조): 중재 사건의 당사자가 아닌 제3자가 진행 중인 중재 사건에 참가할 수 있도록 하고 있는데, (i) 제3자가 중재합의에 구속되는 것이 명백하거나, (ii) 모든 당사자가 합의하는 등의 요건을 갖추면 중재 당사자들 혹은 제3자가 참가 신청을 할 수 있다.

- Early Dismissal 제도(Early Dismissal of Claims and Defences, 규칙 제29조): 청구 또는 항변이 (1) 명백히 법적 타당성이 없거나, (2) 명백히 중재판정부 관할권 외에 있는 경우 일방 당사자가 중재판정부에게 사건을 조기에 기각하도록 신청할 수 있도록 하고 있다.

---

15) 2016 SIAC 중재 규칙

- 중재지 임의화(Seat of the Arbitration, 규칙 제21조): 기존에는 SIAC이 관리 운영하는 사건에서 중재지가 정해져 있지 않은 경우 원칙적으로 싱가포르를 중재지로 하는 것으로 간주했었다. 하지만 6차 개정본에서는 해당 내용이 수정되어 중재지를 당사자들 간 별도 합의로 정하거나, 당사자 사이 별도 합의가 없는 경우에는 사건의 제반 사정을 고려하여 중재판정부가 결정하도록 하였다. 이는 SIAC 중재에서 싱가포르가 더 이상 원칙적 중재지가 되지 않는 탈-지역화(delocalization)로 이어졌다.

2020년 7월 SIAC는 SIAC 규칙에 대한 개정 작업 착수를 발표하였다.[16] 추후 예정된 SIAC 규칙 제7차 개정본은 다음의 영역에서 개정을 담고 있을 가능성이 있다: (i) 다수의 계약, 병합(Consolidation), 참가(Joinder); (ii) 신속 절차(Expedited Procedure) 및 긴급 중재(Emergency Arbitration); (iii) (중재인) 선임 및 기피; (iv) 중재절차 및 중재판정부의 권한[조기 각하(Early Dismissal) 포함]; (v) 신기술 및 신규 절차; (vi) 서면 작성(Drafting).

IV. 싱가포르 중재 관련 최근 판례

국제중재의 중심지답게 싱가포르 법원에서는 국제중재의 각종 쟁점에 대한 판례가 축적되고 있다. 이하에서는 주목할만한 최근 판례 몇 개를 간략히 소개한다.

---

16) https://siac.org.sg/ysiac/about-us/69-siac-news/669-siac-announces-commencement-of-revisions-for-siac-arbitration-rules

1. 불완전 중재조항 - Re Shanghai Xinan Screenwall Building & Decoration Co, Ltd [2022] SGHC 58[17]

본 판례는 중국 국제경제무역중재위원회(China International Economic and Trade Arbitration Commission, "CIETAC") 중재절차에서 패소한 당사자가 싱가포르 법원에 중재판정의 취소를 구한 사건으로, 불완전한 중재조항이 유효한지 여부가 문제되었다.

사건의 당사자인 A와 B는 건설계약을 체결하여 이행하던 중 분쟁이 발생하였고, A는 CIETAC에 중재 신청을 제기하였다. 하지만 B는 건설계약상 중재조항에 CIETAC이 아닌 'China International Arbitration Center(중국 국제중재센터)'에 중재를 제기하도록 되어 있고, 이는 중국법상 유효한 중재조항이 아니라고 주장하면서 중재 절차에 참여하지 않았다. 그럼에도 불구하고 중재 절차는 진행하였고, CIETAC 중재판정부는 A에게 승소판정을 내렸다. 이에 B는 건설계약상 중재합의가 중국법상 유효하지 않으므로 싱가포르 IAA 제31조에 따라 중재판정을 집행하여서는 안 된다고 주장하며 싱가포르 법원에 중재판정취소 신청을 하였다.

중국 중재법에 따르면 유효한 중재조항이 되기 위해서는 중재기관을 정해야 하며 중재기관에 대한 합의가 없으면 무효일 것이다. 본 사건 건설계약의 중재조항에서 정한 중재기관은 'China International Arbitration Center(중국 국제중재센터)'이었는데, 문제는 해당 중재기관이 존재하지 않는다는 점이었다. B는 이에 기하여 해당 중재조항이 중국법상 무효라고 주장한 것이다.

하지만 싱가포르 고등법원은 B의 주장을 받아들이지 않았다. 싱가

---

17) https://www.elitigation.sg/gd/s/2022_SGHC_58

포르 고등법원은 건설계약의 중재조항에 명시된 중재기관이 존재하지 않는다는 것은 사실이지만, 당사자들이 중국에서 중재로 분쟁을 해결하려는 의사가 분명하고, China International Arbitration Center와 CIETAC이 명칭이 유사하다는 점을 볼 때 당사자들이 중재기관의 명칭을 잘못 기재한 것에 불과하므로 해당 중재조항이 유효하다고 판단했다.

2. 중재 사건에 대한 법원의 관여 – Twarit Consultancy Services Pte Ltd and anor v GPE (India) ltd and ors [2021] SGHC (I) 17[18]

본 판례는 SIAC 중재에서 패소한 당사자가 SICC에 중재판정의 취소를 구한 사건으로, 중재 사건에 대한 SICC의 사법적 관여 정도를 보여주는 사건이다.

본 사건의 당사자들은 주식인수 및 주주간 계약(준거법은 인도법)을 체결하였는데 금액 미지급 등의 문제로 분쟁이 발생하여 A가 B를 상대로 SIAC에 중재를 제기하였다. B는 중재절차 내에서 (i) 최종 (증거) 심리 일정 연기 및 (ii) A 측 인도법 전문가의 증거 배척을 요청하였지만, 중재판정부가 이를 받아들이지 않았다. 이에 B는 SICC에 중재판정 취소 신청을 구하였다. 구체적으로 B는 중재판정부가 (i) 최종 심리 일정을 연기하여 주지 않은 것, (ii) 인도법 전문가의 증거를 배척하지 않은 것, (iii) 당사자들이 제기하지 않은 주장을 근거로 손해배상액을 인정한 것이 B의 권리를 침해한다고 주장하면서 중재판정의 취소를 구했다(싱가포르 IAA 제24(b)조).

하지만 SICC는 B의 중재판정 취소 신청을 받아들이지 않았다. SICC는 중재판정이 정의 원칙에 위반(breach of the rules of natural justice)

---

18) https://www.elitigation.sg/gd/sic/2021_SGHCI_17

된다고 판단하기 위해서는 높은 수준의 주장과 입증이 필요하며, 예외적인 경우에 한하여 인정될 수 있다는 점을 분명히 하였다. 나아가 본 사건의 사실관계에 비추어 볼 때, 중재판정부의 조치 및 판단은 중재판정부의 권한 및 재량 내에 있는 것이었고 합리적이고 공정하였다고 판단하였다.

3. 중재판정의 취소 - BXS v BXT [2019] SGHC(I) 10[19]

본 판례는 주식양수도 계약에 포함된 특정 약정에 관한 분쟁에 관한 것으로, SICC에서 중재판정의 취소와 관련하여 내린 첫 번째 판결이다.

A는 특정 회사의 주식을 제3자에게 양도하기로 하는 주식양수도 계약을 체결하였고, 주식양수도 계약상 매수인들의 권리의무가 합병 등을 통하여 B에게 귀속되었다. 주식양수도 계약에 따르면 A는 B가 태국 당국에 납부할 세금을 보전해주어야 하는데, A가 이를 거절하면서 분쟁이 발생하였다. 이에 B는 주식양수도 계약 중재조항에 따라 A를 상대로 3인 중재판정부에 의한 SIAC 중재를 제기하였다. A는 시간 및 비용을 절감하기 위하여 2016년 SIAC 중재규칙의 신속절차에 따라 단독중재인에 의한 중재를 진행해달라고 신청하였고, SIAC 중재법원장(President)이 이를 받아들였다. B는 신속절차에 따른 중재 절차 진행은 받아들일 수 있지만, 주식양수도 계약의 중재조항이 3인의 중재판정부를 예정하고 있었기에 단독 중재인이 판정을 내린 것은 받아들일 수 없다고 주장하면서 SICC에 중재판정취소 신청을 하였다.

---

19) https://www.elitigation.sg/gd/sic/2019_SGHCI_10

SICC는 B의 중재판정 취소 신청을 기각하였다. SICC는 당사자들이 합의한 중재조항에 2016년 SIAC 중재규칙이 적용된다는 점을 근거로 당사자들이 신속절차 및 단독 중재인에 의한 절차 진행에 동의하였다고 판단했다. 특히, 당사자들은 '모든 경우'에 3인의 중재판정부가 구성되어야 한다는 점을 명시적으로 표시하지 않았으므로, 당사자들이 중재 개시 당시 유효한 SIAC 규칙에 구속된다는 점에 동의한 것으로 간주된다고 판단하였다.

이외에 또 문제된 것은 B의 중재판정 취소 신청이 법정 기한을 도과하였는지 여부였다. A는 B의 중재판정 취소 신청이 UNCITRAL 모델중재법(제34조 제3항)에서 허용한 연장불가한 3개월의 기한을 도과하였다는 이유로 B의 신청을 기각해야 한다고 주장했다. 이에 대하여 SICC는 중재판정 취소 신청 기간 연장에 대한 일관된 국제적 관행이 존재하지 않으나, UNCITRAL 모델중재법 제34조 제3항에 따라 기간 연장이 금지된다고 판단하였다. SICC는 싱가포르 IAA 제3조 및 UNCITRAL 모델중재법 제5조는 UNCITRAL 모델중재법이 규율하는 사안에 대한 법원의 개입을 명시적으로 금지하고 있다는 점이 결론을 뒷받침한다고 강조하였다.

4. 중재판정 전(pre-award) 단계에서의 중재가능성(arbitrability)에 대한 준거법 - WestBridge Ventures II Investment Holdings v Anupam Mittal [2021] SGHC 244[20]

이 사건은 중재판정 전(pre-award) 단계에서 분쟁의 중재가능성(subject matter arbitrability)을 판단하는 준거법을 결정한 영연방(Commonwealth) 최초의 판결이다.

---

20) https://www.elitigation.sg/gd/s/2021_SGHC_244

신청인과 피신청인은 인도에 등록된 회사인 People Interactive의 주주들이었다. 신청인 WestBridge는, 신청인과 피신청인 사이의 주주간계약에 기한 청구는 중재절차로 하여야 한다고 주장하며, 피신청인이 그러한 청구를 인도 국립회사법재판소(National Company Law Tribunal, "NCLT")에서 소로써 하는 것을 저지하기 위하여 피신청인을 상대로 소송금지가처분(anti-suit injunction)을 신청하였다. 해당 주주간계약에는 "회사의 경영과 관련되거나 본 계약에 명시된 사항과 관련된(relating to the management of the Company or relating to any of the matters set out in this Agreement)" 분쟁은 "중재에 부친다(shall be referred to arbitration)"는 내용의 중재조항이 포함되어 있었다. 중재지는 싱가포르로 특정되어 있었다.

피신청인은 자신이 NCLT에 제소한 분쟁은 억압(oppression) 및 부실경영(mismanagement)에 관한 분쟁이며 이러한 분쟁은 인도법상 중재가 불가능한 것임을 주장하였다. 반면 WestBridge는 해당 분쟁은 당사자들의 주주간계약에 따른 계약상의 분쟁이며, 이와 별개로 싱가포르법에 따르면 해당 분쟁은 그 성질이 계약상 분쟁 또는 억압 및 부실경영상의 분쟁 중 어느 것으로 특징지어지든 중재가 가능하다는 입장이었다.

싱가포르 고등법원은 WestBridge의 소송금지가처분 신청을 인용하였고, 다음과 같은 이유로 중재판정 전 단계에서의 중재가능성 판단은 중재지법에 의한다고 판시하였다.

a. 중재판정 전 단계에서 문제가 되는 경우 분쟁 대상의 중재가능성은 본질적으로 관할의 문제이다.

b. 중재가능성에 대하여는 중재판정 전후로 동일한 법이 적용되어야 한다.

c. 중재판정 전 단계에서 중재지의 법을 적용함이 국제상사중재를

촉진하는 정책에 보다 부합한다.

d. 판례법과 권위있는 학술 연구 역시 중재지법을 적용하는 입장에 유리하다.

본 장의 작성 시점을 기준으로, 싱가포르 항소법원(Singapore Court of Appeal)에 상기 판단에 대한 상소가 제기되어 재판이 계속 중이고, 아직 상소심 판단은 나오지 않은 상황이다.

제3절 싱가포르의 기타 국제분쟁해결절차들

I. 싱가포르와 조정

1. 싱가포르 조정 기관 - Singapore International Mediation Centre (SIMC)

SIMC는 2014년 11월 싱가포르 법무부에 의해 설립된 싱가포르의 대표적인 조정기관이자 독립적 비영리기관이다.

2015년부터 2020년 11월에 이르기까지 SIMC에 접수된 총 사건의 수는 133개에 달하며, 이 중 약 75~80%는 조정에 성공한 것으로 알려지고 있다.[21] SIMC에 회부되는 조정사건의 수는 매년 큰 폭으로 증가하고 있는데, 2021년 한해 동안 조정으로 회부된 사건의 총 분쟁가액은 미화 약 30억 달러에 달하는 것으로 알려져 있다.[22]

---

21) CIArb, Mediation Symposium 2020에서 발표된 내용

22) Increase in firms seeking mediation amid the pandemic - Singapore International Mediation Centre (SIMC)

2. SIAC-SIMC Arb-Med-Arb 절차

이른바 "Arb-Med-Arb"라 불리는 중재 내 조정 시도 절차는 SIAC과 SIMC에 마련되어 있는 절차들 중 보다 특징적인 절차의 하나이다. 해당 절차는 중재합의의 당사자들 또는 계속 중인 중재절차의 당사자들이 분쟁을 조정에 부칠 수 있도록 하는 절차이다. 보다 구체적으로, 당사자들은 SIAC 중재가 계속되고 있는 상황에서 중재절차를 잠시 중단하고, SIMC의 조정을 시도할 수 있다.

조정이 성공하면 당사자들은 최종 조정 내용에 대하여 뉴욕 협약 (New York Convention)상 중재판정문으로서 집행이 가능한 SIAC의 합의중재판정문(consent awards)을 득할 수 있다. 만약 당사자들이 합의에 이르지 못하여 조정이 불성립하는 경우에는 기존에 중단되었던 SIAC 중재절차가 비교적 적은 비용으로 신속하게 재개될 수 있다.

3. 싱가포르 조정 협약(Singapore Mediation Convention)

조정에 의한 국제화해합의에 관한 UN협약(싱가포르 조정 협약)은 조정에 따른 국제화해합의에 적용된다. 2018년에 도입된 해당 협약은 화해합의의 체결 및 그 집행을 위한 법 체계들 사이의 조화를 도모한다. 본 협약은 화해합의의 국제적 승인 및 집행 용이성을 향상하려는 목적을 가진다.

협약의 주요 조항은 다음과 같다[23]:

- 적용범위(제1조): 본 협약은 상사분쟁을 해결하기 위하여 조정에 의하고 당사자들이 서면으로 체결한 국제 화해합의에 적용되며, 이하의 화해합의는 적용범위에서 제외된다.

---

23) https://uncitral.un.org/sites/uncitral.un.org/files/media-documents/EN/Texts/UN-CITRAL/Arbitration/mediation_convention_v1900316_eng.pdf

- 개인, 가족 또는 가사 목적으로 소비자가 참여한 거래에서 발생하는 분쟁을 해결하기 위하여 체결된 화해합의
- 가족법, 상속법 또는 노동법과 관련된 화해합의
- 법원이 승인하였거나 법원의 절차 중에 체결된 화해합의
- 해당 법원의 국가에서 판결로서 집행 가능한 화해합의
- 중재판정으로 기록되었고 집행 가능한 화해합의
• 일반원칙(제3조): 협약의 각 당사국은 자신의 절차규칙에 따라 및 본 협약에 규정된 조건으로 화해합의를 집행하여야 한다. 일방 당사자가 화해합의에 의해 이미 해결되었다고 주장하는 사안에 관한 분쟁의 경우, 당사자는 본 협약에 좇아 화해합의를 원용할 수 있다.
• 화해합의의 원용 요건(제4조): 본 협약에 따라 화해합의를 원용하는 일방 당사자는 소관 당국에게 당사자들이 서명한 화해합의와 화해합의가 조정에 의한 것이라는 증거를 제공하여야 한다:
• 구제 부여의 거부 사유(제5조): 일방 당사자가 아래 사항을 입증하는 경우
- 화해합의의 일방 당사자가 무능력자였음
- 당사자들이 유효하게 화해합의의 준거법으로 지정한 법에 따를 때 화해합의가 무효이거나, 효력이 없거나, 이행되는 것이 가능하지 않음
- 화해합의가 구속력이 없거나, 종국적이지 않거나; 또는 추후 수정됨
- 화해합의에서의 의무가 이미 이행되었거나; 명확하지 않거나, 이해할 수 없음
- 구제 부여가 화해합의의 조건에 반함
- 조정인이 자신 또는 조정에 적용 가능한 기준을 심각하게 위반

하였고 이러한 위반이 없었더라면 당사자가 화해합의에 이르지 않았을 것임

- 조정인의 공정성이나 독립성에 관하여 정당한 의심이 제기되는 상황을 조정인이 당사자들에게 공개하지 않았고 그렇게 공개하지 않은 것이 일방 당사자에게 중대한 효과나 부당한 영향을 주었고, 그러한 비공개가 없었더라면 동 당사자가 화해합의에 이르지 않았을 것임
- 구제 부여가 당사국의 공공정책에 반함
- 당사국 법에 따를 때 분쟁 대상이 조정의 대상이 되지 않음

II. 싱가포르 국제상사법원 - Singapore International Commercial Court(SICC)[24]

싱가포르 국제상사법원은 2015년 1월 5일 정식 개원한 국제 상사 분쟁사건만을 전문적으로 다루는 법원이다. SIMC와 마찬가지로 싱가포르 정부의 추진 하에 설립되었다.

SICC는 기존 싱가포르 사법조직체계의 일부로 설립되었고 이를 위해 싱가포르 헌법과 사법절차법, 법원조직법 등이 개정되었다.

SICC는 국제 상사 사건을 전문적으로 다루는데, SICC가 특정 사건에 대해 관할을 갖기 위해서는 (1) 처음 제기된 사안이 그 본질상 국제적이고 상업적인 성격을 가져야 하고, (2) 서면으로 작성된 재판관할 합의문에 따라 싱가포르 고등법원에 관할이 인정되는 사건이어야 하며, (3) 당사자들이 상급법원이 하급법원에 대한 권한에 기하여 내리는 명령[prerogative order; 강제명령(Mandatory Order), 금지명령(Prohibiting

---

24) 사법정책연구원, "중재 활성화를 위한 법원의 역할" (2018.4.30); SICC 홈페이지 (https://www.sicc.gov.sg/about-the-sicc/overview-of-the-sicc)

Order), 파기명령(Quashing Order), 구속적부검토명령(Order of Review of Detention)이 이에 포함된다]의 형식을 통한 구제나 그러한 명령과 관련한 구제를 구하지 않아야 한다.25) 또한 SICC는 관할 요건이 충족되고 SICC에서 심리하는 것이 보다 적절한 경우에는 고등법원(High Court)이나 고등법원 일반부(General Division)로부터 이관되는 사건도 심리한다.

SICC의 재판은 (1) 외국의 법관에 의한 소송지휘가 가능하다는 점, (2) 제3자의 소송참가 및 소송고지가 용이하다는 점, (3) 외국법 변호사에 의한 소송대리가 일정범위에서 허용된다는 점, (4) 증거조사에 관한 규칙이 유연하게 적용된다는 점 등 통상의 재판과 다른 특징이 있다.

SICC가 2015년 설립된 이래 2021년에 이르기까지 총 83개의 사건이 접수되어 처리되었다.26)

---

25) Order 2 rule 1, Singapore International Commercial Court Rules 2021

26) sic-news-no-27-(feb-2021)_bc09f7f5-2053-4508-8ff1-5fca6031d46e.pdf

서울대학교 아시아법 연구 실무시리즈 2호
싱가포르법

초판발행	2022년 10월 31일
지은이	김경연·김유라·김혜성·노현식·박혜민·신석훈·유현기·이동미·이영민
펴낸이	안종만·안상준
편 집	한두희
기획/마케팅	조성호
표지디자인	이영경
제 작	고철민·조영환
펴낸곳	(주) **박영사**
	서울특별시 금천구 가산디지털2로 53, 210호(가산동, 한라시그마밸리)
	등록 1959. 3. 11. 제300-1959-1호(倫)
전 화	02)733-6771
f a x	02)736-4818
e-mail	pys@pybook.co.kr
homepage	www.pybook.co.kr
ISBN	979-11-303-4329-7 93360

* 파본은 구입하신 곳에서 교환해 드립니다. 본서의 무단복제행위를 금합니다.
* 저자와 협의하여 인지첩부를 생략합니다.

정 가   16,000원